我的童年法则

Wo de Tongnian Faze

全国乡村儿童普法必读

李毅 ◎著

图书在版编目(CIP)数据

我的童年法则：全国乡村儿童普法必读 / 李毅著. —北京：北京大学出版社，2023.3

ISBN 978-7-301-33818-6

Ⅰ.①我… Ⅱ.①李… Ⅲ.①法律－中国－儿童读物 Ⅳ.①D92-49

中国国家版本馆 CIP 数据核字 (2023) 第 035940 号

书　　　名	我的童年法则：全国乡村儿童普法必读 WODE TONGNIAN FAZE: QUANGUO XIANGCUN ERTONG PUFA BIDU
著作责任者	李　毅　著
策划编辑	李　颖
责任编辑	李　颖　张　宁
标准书号	ISBN 978-7-301-33818-6
出版发行	北京大学出版社
地　　　址	北京市海淀区成府路 205 号　100871
网　　　址	http://www.pup.cn　　新浪微博：@北京大学出版社
电子信箱	evalee1770@sina.com
电　　　话	邮购部 010-62752015　发行部 010-62750672 编辑部 010-62754382
印刷者	三河市北燕印装有限公司
经销者	新华书店 650 毫米×980 毫米　16 开本　11 印张　150 千字 2023 年 3 月第 1 版　2023 年 5 月第 2 次印刷
定　　　价	35.00 元

未经许可，不得以任何方式复制或抄袭本书之部分或全部内容。
版权所有，侵权必究
举报电话：010-62752024　电子信箱：fd@pup.pku.edu.cn
图书如有印装质量问题，请与出版部联系，电话：010-62756370

与法"童"行,守护"未"来

王敬波[①]

奉法者强则国强,奉法者弱则国弱。扎实推进普法教育,以法治文化培育法治精神,功在当代,利在千秋。儿童是祖国的未来、民族的希望,普及法治知识从儿童做起,不仅有利于未成年人从小在心里播下法治意识的种子,养成规则意识和尊法守法的行为习惯,而且有助于他们初步具备依法维护自身合法权益的能力。

李毅律师在长期从事儿童公益普法教育的过程中,关注到贴合乡村儿童生活实际场景的普法读物并不丰富,所以有针对性地编写了贴合乡村儿童生活、学习场景的普法教育读本。从符合儿童身心发

---

① 对外经济贸易大学教授、博士生导师,现任对外经济贸易大学党委常委、副校长。兼任中国机构编制管理研究会副会长,中国法学会行政法学研究会秘书长,中国法学会理事。

· 我的童年法则 ·

展规律的角度看，如果儿童在学习过程中，能够拥有真切的体验感和参与感，那么儿童也就更愿意接受对其意识的引领和对其行为的指导。《我的童年法则》将17个普法故事生动地呈现在乡村儿童熟悉的生活场景中，通过遇到问题、发现问题、解决问题的脉络，带领儿童开启了一段段惊险又富有探索和挑战的法治学习之旅。可以说，儿童在沉浸式学习体验中，不知不觉就学到了法律知识。

本书紧贴儿童法治教育核心，以《宪法》《民法典》《未成年人保护法》等与儿童成长密切相关的法律规定为主线，通过各章节的合理编排，将重点选择的法律常识巧妙、有序地融为一体。同时，本书生动活泼的漫画配图堪称出彩，可以说既达到了凝练点题的效果，也富有法治文化的意味，与本书的文字部分完美结合，实现了从"走近法律"到"走进法律"、从"简单说教"到"入心入脑"的普法教育目标。

本书不仅适合儿童在学校阅读，也非常适合家长和儿童一起阅读，无论哪种方式的阅读，都希望

序言一

孩子们通过感知生活中的法、身边的法,做到运用法律方法维护自身合法权益,提高通过法律途径参与国家和社会生活的意识和能力。

让美好不期而遇,让童年静待花开

肖昱欣[①]

当李毅律师的编写团队把《我的童年法则:全国乡村儿童普法必读》电子版发来时,我便沉浸在书里一口气读完,书中的故事像磁石般吸引着我,惊叹此书可谓是一本实用的工具书!它将真实案例融入17个场景,并依据《民法典》《预防未成年人犯罪法》《未成年人保护法》《家庭教育促进法》等进行了相关部分的释法的更新,使读者能从故事中学习到未成年人保护的相关法律知识,能理解到如何依法维护权利,同时也了解到违反法律的后果,从小养成尊法、学法、守法、用法的意识和能力。

习近平总书记强调,"全社会都要了解少年儿童、尊重少年儿童、关心少年儿童、服务少年儿童,为少年儿童提供良好社会环境"。在长期参

---

① 中国乡村发展协会副会长、启明书院院长。

·我的童年法则·

与、关注未成年人身心健康的实践中，我发现青少年的特点是自我保护能力弱，有的甚至缺乏自我保护的能力，是易受侵害人群。因此，社会上有一部分违法犯罪分子把侵害对象直接指向未成年人，如拐卖儿童、虐待未成年人等。而家庭、学校、社会也都存在侵害未成年人合法权益和身心健康的现象，这就需要用法律来规范社会各方面的力量，从而保护未成年人。未成年人的保护，不仅要针对个体，也要面向群体；不仅要保护外部安全，也要保护心灵健康；不仅是针对现在，也要考虑未来。要实现这一目标，需要全社会共同参与。除了相关政府部门及司法机关之外，也有必要通过相应社会组织及时补位，共同保护好未成年人的身心健康。

在修订后的《未成年人保护法》施行一周年之际，《我的童年法则：全国乡村儿童普法必读》即将出版，具有时代的重大意义。我们知道，未成年人历来是我国开展普法工作的重点人群，国家"八五"普法规划再次强调"加强青少年法治教育"。此书是以孩子为视角进行编写的，通过一个

序言二

个鲜活的小故事，配上情景插图，向孩子们生动有趣地展示了未成年人保护的具体知识点，通俗易懂，特别适合未成年人学习和使用。希望孩子们通过此书的学习，树立法治观念、自觉守法，了解常用的法律手段，并学以致用，能够随时拿起法律武器来维护自己的权益。

此书也特别适合家庭亲子阅读。家庭对未成年人健康成长意义重大，《家庭教育促进法》特别强调了良好亲子关系的重要作用。在家庭教育所要掌握的各种知识中法律是"底线"，如家长应该用什么办法实施家庭教育，能打孩子吗，父母外出打工还需要承担家庭教育责任吗；法律严禁未成年人的父母或者监护人实施哪些行为，等等，都是家长们必须了解的知识。期待家长们通过阅读此书能了解自身作为监护人的权利义务，依法履行监护职责，不侵害未成年人的合法权益，并学习如何依法保护未成年人的基本权利。

此书还特别适合学校以及开展未成年人保护工作的司法人员、基层居（村）委会干部、律师、社

我的童年法则

工等各界人士学习使用。如何更好地宣传相关法律制度，让相关人员都能树立未成年人保护的法律意识、了解未成年人保护的法律知识，关涉到相关法律制度能否有效落实。比如，什么是校园欺凌，学校如何防治校园欺凌，互联网企业负有哪些保护未成年人的特殊义务，违反了这些义务要受到哪些处罚，等等，在此书中都能找到答案，相信对学校以及开展未成年人保护工作的各界人士都能起到帮助作用。

未成年人是祖国的未来，是民族的希望。教育和培养好青少年，是我们中华民族永葆生机和活力的根本大计。国家、社会、学校和家庭应当合力共同保护未成年人身心健康，保障未成年人合法权益。让我们携起手来，以法之名，守护"少年的你"，让美好不期而遇，让童年静待花开！

目 录

第一单元　宪法篇——我和我的祖国

第一课　捍卫国家领土　心系国家命运 / 2

第二课　尊重国旗国歌　维护国家尊严 / 8

第二单元　宪法篇——我和我的基本权利

第一课　珍惜受教育权　保障男女平等 / 16

第二课　遵守社会公德　不信谣不传谣 / 24

第三单元　民法典篇——我和我的家

第一课　拒绝家庭暴力　共建和谐家园 / 32

第二课　促进家庭和睦　确保儿童权益 / 40

第四单元　民法典篇——我和我的学校

第一课　拒绝校园欺凌　构建平安校园 / 50

第二课　关爱残疾同学　助推融合教育 / 58

第五单元　民法典篇——我和我的社会生活

第一课　识别拐卖套路　守护人身安全 / 68

第二课　遵守交通规则　安全快乐出行 / 76

第三课　识别消费陷阱　维护合法权益 / 84

第六单元　未成年人保护法篇
　　　　　——我和我的权利保护

第一课　捍卫身体权利　远离恶意侵害 / 95

第二课　预防网络沉迷　警惕网络犯罪 / 106

第七单元　预防未成年人犯罪法篇
　　　　　——我和我的价值观

第一课　培养优良品质　远离违法犯罪 / 116

第二课　明辨是非善恶　知法懂法守法 / 126

第八单元　家庭教育促进法篇
　　　　　——我和我的未来

第一课　接受纠错指导　护航身心健康 / 136

第二课　树立良好家风　增进家庭幸福 / 146

附录：全国求助热线一览表

后记

第一单元　宪法篇
——我和我的祖国

导　言

　　《宪法》是国家的根本法，具有最高的法律地位、法律权威、法律效力，是其他法律的立法依据。1982年12月4日，我国第五届全国人民代表大会第五次会议通过了现行的《宪法》。2014年11月1日，第十二届全国人民代表大会常务委员会第十一次会议表决通过，将每年的12月4日设立为"国家宪法日"，通过多种形式开展宪法宣传教育活动。在我国，每一位公民都受到宪法保护；每一位公民都应当尊崇、学习、遵守、维护宪法。

第一课　捍卫国家领土　心系国家命运

【故事讲述】

九月，秋高气爽，丁小谷和田小米成了一年级小学生。庄严肃穆的升旗仪式后，同学们满怀新奇地期盼着开学第一课。

只见一位老爷爷走到主席台中央，他穿着褪色的军装，左胸佩戴着好多闪闪发亮的勋章。老爷爷行了一个标准的军礼，用洪亮的声音开始讲话："同学们，我是一名退伍老兵，受校长邀请来给同学们讲开学第一课。"

"今天，我给同学们带来一个真实的故事。伟大祖国的西部边境，常年十分寒冷，来

第一单元　宪法篇——我和我的祖国

自五湖四海的战士，顶风冒雪，驻守在那片苦寒之地。2020年4月，边境时常遭遇外国军队的恶意挑衅。为了维护两国和平，战士们希望通过非暴力方式化解矛盾，但两个月后，悲剧还是不可避免地发生了。外国军队违背规则和承诺，越过中国边境。我国驻守官兵遭到对方的伏击，四名战士壮烈牺牲，多名战士身负重伤。"

　　老爷爷强忍着泪水，声音哽咽地继续说道："年轻战士肖思远，牺牲时，年仅24岁。他生前曾说过，'我们就是祖国的界碑，脚下的每一寸土地，都是祖国的领土'。"

　　"同学们，我国地域广阔，邻国众多。虽然是在和平年代，但边境安全仍旧是不可忽视的问题。你们中的大多数可能并不知道，即使在人烟稀少的边疆地区，仍能看到边防战士的身影和迎风飘扬的五星红旗。他们的生活非常艰苦，却无怨无悔。是他们的奉献和牺牲，为我们创造了和平的生存环境。"

伟大祖国 欣欣向荣

第一单元　宪法篇——我和我的祖国

"亲爱的同学们,希望你们好好学习,更希望你们时刻记住,保卫国家领土完整是我们每一位公民的神圣职责!"

英雄的事迹和老爷爷的寄语感染了每一位同学。

丁小谷对田小米说:"虽然开学第一课跟我想的不一样,但我感觉自己一下子长大了很多,我想长大以后做一名守护边疆的战士!"田小米紧紧地握起了小拳头:"好样的!你做战士,我当军医。"

·我的童年法则·

 法律保护我

"肖思远叔叔,我向您致敬,您为我们的祖国献出了自己宝贵的生命,我们永远不会忘记您。大好河山,寸土不让。您和山河一样不朽!"这是一名二年级的小学生在肖思远烈士家中留言簿上写下的文字。

"有国才有家",国家的安全与稳定是个人生存的基本前提。《宪法》《国家安全法》赋予了每一位公民保卫国家领土完整的神圣职责,也为每一位公民的生存与发展提供了坚实的保障。相信同学们会在内心树立热爱祖国、保卫祖国的坚定信念,努力学习,强身健体,为社会贡献自己的一份力量,成为祖国的栋梁。

第一单元　宪法篇——我和我的祖国

法律怎么说

《中华人民共和国宪法》第五十五条

保卫祖国、抵抗侵略是中华人民共和国每一个公民的神圣职责。

依照法律服兵役和参加民兵组织是中华人民共和国公民的光荣义务。

《中华人民共和国国家安全法》第十一条第二款

中国的主权和领土完整不容侵犯和分割。维护国家主权、统一和领土完整是包括港澳同胞和台湾同胞在内的全中国人民的共同义务。

请你思考

同学们，你们一定知道很多保卫祖国的英雄人物事迹，跟身边的朋友分享一下吧！

· 我的童年法则 ·

第二课　尊重国旗国歌
　　维护国家尊严

【故事讲述】

暑假第一天,丁小谷和田小米相约去镇上的吉祥面馆吃拉面。

刚进面馆,田小米就喊起来:"不愧是网红餐厅,面馆的门帘和窗帘都是五星红旗呢。"

丁小谷补充道:"门外的歌手唱的歌,好像是国歌,又不像是国歌,感觉怪怪的。"

一个穿着时尚的男青年走过来说道:"小朋友,国旗不能总是在空中飞扬,用国旗做帘子是我的创意,既实用也用特别的方式表达了

第一单元 宪法篇——我和我的祖国

我的爱国情怀。国歌要与时俱进，改改词、改改调，大家喜欢听。"

田小米禁不住地拍手点赞。

丁小谷却严肃起来："课本上说，要尊重和爱护国旗，用来装饰不能算作尊重和爱护吧？"

"丁小谷，这不是上课，别那么较真！"田小米不以为然地说。

就在这时，一辆警车停在餐厅门口，两名警察从车里下来。其中一位戴着微型扩音器，对歌唱表演者和观众大声说："乡亲们，国旗、国徽、国歌是国家的象征和标志，在任何时间、任何地点，都应该被严肃庄重地对待。国旗应当依法悬挂，国歌的词曲不能修改，用国旗作为装饰和怪腔怪调唱国歌的行为，严重违反法律规定。"

· 我的童年法则 ·

第一单元　宪法篇——我和我的祖国

警察接着说道:"我们相信这家餐厅会尽快整改;否则,餐厅负责人可能会受到行政处罚;情形严重的,可能还会构成侮辱国旗、国歌罪。在场的各位观众,也请你们立即删除今天手机里录制的表演视频和照片,不要在互联网上进行传播。"

刚才还手舞足蹈唱着改编国歌的人,惭愧地低下了头,对大家说:"不懂法,真可怕!原本以为这样做,是热爱祖国的表达方式,也有利于宣传国旗、国歌,没想到差点坐了牢。"

田小米也意识到自己错了。她跟丁小谷说:"开学后,我们要做一期专题海报,让更多同学懂得维护国旗、国歌的尊严。"

· 我的童年法则 ·

国旗、国歌是国家的象征和标志，代表着国家的尊严，是民族精神、爱国主义精神的集中体现。升挂国旗、奏唱国歌，应当遵守《宪法》《国旗法》《国歌法》等法律规定。作为小学生，在日常生活中，应该能够识别侮辱国旗、国歌的行为，不能盲目跟风。

故事讲述的案例也特别指出，互联网不是法外之地。我们利用手机和电脑在网络上获取信息或发布信息时，同样应当做到尊重和爱护国旗、国歌。

第一单元　宪法篇——我和我的祖国

法律怎么说

《中华人民共和国刑法》第二百九十九条

在公共场合，故意以焚烧、毁损、涂划、玷污、践踏等方式侮辱中华人民共和国国旗、国徽的，处三年以下有期徒刑、拘役、管制或者剥夺政治权利。

在公共场合，故意篡改中华人民共和国国歌歌词、曲谱，以歪曲、贬损方式奏唱国歌，或者以其他方式侮辱国歌，情节严重的，依照前款的规定处罚。

《中华人民共和国国旗法》第二十三条

在公共场合故意以焚烧、毁损、涂划、玷污、践踏等方式侮辱中华人民共和国国旗的，依法追究刑事责任；情节较轻的，由公安机关处以十五日以下拘留。

· 我的童年法则 ·

《中华人民共和国国歌法》第十五条

在公共场合，故意篡改国歌歌词、曲谱，以歪曲、贬损方式奏唱国歌，或者以其他方式侮辱国歌的，由公安机关处以警告或者十五日以下拘留；构成犯罪的，依法追究刑事责任。

请你思考

同学们，请问唱国歌的时候跑调，算不算侮辱国歌呢？

第二单元　宪法篇
——我和我的基本权利

导　言

　　我国《宪法》由五个部分组成，分别为"序言""第一章　总纲""第二章　公民的基本权利和义务""第三章　国家机构""第四章　国旗、国歌、国徽、首都"。其中，"公民的基本权利和义务"是《宪法》的核心内容，赋予了公民参与国家政治生活的权利、人身与人格权、社会经济权利、社会文化权利和自由等。

· 我的童年法则 ·

第一课　珍惜受教育权
　　　保障男女平等

【故事讲述】

　　时间过得真快，一转眼田小米和丁小谷就要读三年级了。他们享受着快乐的学校生活，学到了很多知识，也拥有了一些解决日常生活问题的本领。可是，对有些难题他们实在是无奈又无力。

　　田小米的奶奶常年生病。为了给奶奶提供更好的治疗，爸爸决定外出打工。

　　这天晚饭后，爸爸说："小米，我像你这么大的时候已经开始帮爷爷干农活了。我明天就要进城，你不要去上学了，帮妈妈一起照顾

第二单元　宪法篇——我和我的基本权利

奶奶和弟弟。"

"我知道你喜欢上学,爱读书。不过你看,爸爸和妈妈没上过几年学,不也照样过了一辈子吗?尤其是女孩子,照顾老人孩子是本分,读太多书没用。"爸爸补充说。

田小米把这件事情告诉了班主任。

班主任和教导主任一起找到田小米的爸爸妈妈,语重心长地说:"国家为了提高全民素质,规定每个公民都有接受九年制义务教育的权利。现在早已经不是封建社会了,女孩跟男孩一样,可以靠知识改变自己的命运。为了小米的未来,你们必须支持她继续上学。"

爸爸妈妈知道自己做错了,答应让田小米第二天就重返学校。

坐在一边的田小米听到这里,又高兴又委屈,哭成了小泪人。

教导主任拍拍她的肩膀,说:"小米,孝顺父母是我国的传统美德,也是法律规定的义务。你的爸爸妈妈可以说是很多人的榜样。他们为了给奶奶提供更好的治疗,勤劳工作,你的爸爸甚至选择离家外出打工,你应该为他们感到骄傲。"

田小米把事情的经过讲给丁小谷听。丁小谷说:"法律威风又温暖:孩子受教育,有法律规定;老人受照顾,也有法律规定。爸爸妈妈是爱我们的,不过有时候他们也需要老师的指导才能明白应当如何安排我们的生活和学习,才能明白什么样的教育方式更有利于我们的成长!"

法律保护我

　　义务教育是国家统一实施的所有适龄儿童、少年（不分性别）必须接受的教育，是国家必须予以保障的公益性事业。其重要意义不仅在于增强国民素质，促进社会文明提高；而且在于实现教育公平，让每个孩子都能获得接受教育的公平机会，获得在不同领域学习知识的公平机会。

　　少年强则国强。义务教育仅仅是教育的起点，相信同学们能够通过努力学习，在完成九年制义务教育后继续接受中等教育、职业教育、高等教育等，为社会贡献自己的力量。

第二单元 宪法篇——我和我的基本权利

法律怎么说

《中华人民共和国宪法》第十九条第一款、第二款

国家发展社会主义的教育事业,提高全国人民的科学文化水平。

国家举办各种学校,普及初等义务教育,发展中等教育、职业教育和高等教育,并且发展学前教育。

《中华人民共和国宪法》第三十三条

凡具有中华人民共和国国籍的人都是中华人民共和国公民。

中华人民共和国公民在法律面前一律平等。

国家尊重和保障人权。

任何公民享有宪法和法律规定的权利,同

时必须履行宪法和法律规定的义务。

《中华人民共和国宪法》第四十六条

中华人民共和国公民有受教育的权利和义务。

国家培养青年、少年、儿童在品德、智力、体质等方面全面发展。

《中华人民共和国宪法》第四十八条第一款

中华人民共和国妇女在政治的、经济的、文化的、社会的和家庭的生活等各方面享有同男子平等的权利。

《中华人民共和国义务教育法》第二条

国家实行九年义务教育制度。

义务教育是国家统一实施的所有适龄儿童、少年必须接受的教育，是国家必须予以保障的公益性事业。

实施义务教育，不收学费、杂费。

第二单元 宪法篇——我和我的基本权利

国家建立义务教育经费保障机制,保证义务教育制度实施。

《中华人民共和国义务教育法》第十一条

凡年满六周岁的儿童,其父母或者其他法定监护人应当送其入学接受并完成义务教育;条件不具备的地区的儿童,可以推迟到七周岁。

适龄儿童、少年因身体状况需要延缓入学或者休学的,其父母或者其他法定监护人应当提出申请,由当地乡镇人民政府或者县级人民政府教育行政部门批准。

请你思考

王小玉今年12岁,暑假后要上6年级了。可父母想让她外出打工,不再继续上学。请结合今天学到的知识,给小玉的父母写一封信。

· 我的童年法则 ·

第二课　遵守社会公德 不信谣不传谣

【故事讲述】

每天完成作业后，妈妈都允许丁小谷在短视频平台看会儿新闻。

一天，丁小谷在"抖动"APP的热搜上看到一条短视频——一群医护工作者穿着防护服戴着护目镜进到居民家，屏幕上有醒目的大字："禽流感强势来袭，已有多位村民因为吃了鸡蛋、鸡肉，被传染禽流感，救治无效死亡。紧急通知，暂时别吃鸡肉，鸭肉，猪肉！"背景音乐听起来也让人很不舒服……

丁小谷吓得慌了神，心想："我得赶紧把

第二单元　宪法篇——我和我的基本权利

这个消息告诉村委会,广播告知全体乡亲。"

他一边跑向村委会,一边大声呼喊:"不好了,不好了!吃鸡蛋、鸡肉会被传染禽流感,会死人!"

听到丁小谷的喊声,原本在街边聊天,或正在做农活的乡亲,都撒腿往家跑,整个村子顿时鸡飞狗跳,乱作一团……

田小米听到喊声,快跑几步追上来,问道:"你在哪里得到的消息,可靠吗?"

丁小谷回答说:"可靠!都上热搜了,光点赞就1万多人,不可能是假的。"

田小米若有所思地说:"这么严重的事情,应该不会有人虚构事实。不管真假,我们先去村委会,让村主任核实一下。如果是真的,看看村主任怎么安排。你先别喊了,村子里都乱套了。"

就在这时,广播里传来村主任的声音:

· 我的童年法则 ·

"乡亲们,刚刚收到县里的通知,网上有短视频播报称,我们邻村发现了多例禽流感病例,这是有人恶意编造的,请大家不要惊慌,食用煮熟的鸡蛋、鸡肉并没有感染风险。我在这里提醒大家,了解疫情,要通过官方渠道,不要轻信网络传闻,更不要随意四处传播。"

丁小谷站在了原地,心情复杂。一方面,听说消息是假的,松了一口气;另一方面,又为自己信谣、传谣感到惭愧。

第二单元　宪法篇——我和我的基本权利

回家后,他和田小米一起制作了主题为"抗疫有我"的手抄报,贴在村头的公告栏里,号召乡亲们:"不造谣、不信谣、不传谣,做疫情防控的行动者!"

·我的童年法则·

　　我国法律保护言论自由，但禁止编造、传播虚假信息。

　　故事讲述中，丁小谷没有对虚假疫情信息进行鉴别，就直接进行传播，虽在一定程度上造成了村内公共秩序的混乱，但因其是未成年人，并且不知道信息是虚假的，所以无须承担刑事责任。但短视频的作者故意编造虚假的疫情信息，并在网络上进行传播，严重扰乱了社会秩序，理应承担相应的责任，如其已达到法定刑事责任年龄，则应对其以编造、故意传播虚假信息罪定罪处罚。

　　对于疫情信息坚持"不造谣、不信谣、不传谣"，是我们每个公民的责任。我们相信每一位同学都能够从自身做起，对获取的信息保

第二单元 宪法篇——我和我的基本权利

持清醒而理性的判断，不会未经思考就"随手转发"，不会成为谣言的放大器。正确的做法是，通过官方平台，如国家、地方疾病预防控制中心网站、公众号了解疫情动态。

法律怎么说

《中华人民共和国宪法》第五十三条

中华人民共和国公民必须遵守宪法和法律，保守国家秘密，爱护公共财产，遵守劳动纪律，遵守公共秩序，尊重社会公德。

《中华人民共和国刑法》第二百九十一条之一第二款

编造虚假的险情、疫情、灾情、警情，在信息网络或者其他媒体上传播，或者明知是上述虚假信息，故意在信息网络或者其他媒体上

· 我的童年法则 ·

传播，严重扰乱社会秩序的，处三年以下有期徒刑、拘役或者管制；造成严重后果的，处三年以上七年以下有期徒刑。

《中华人民共和国治安管理处罚法》第二十五条

有下列行为之一的，处五日以上十日以下拘留，可以并处五百元以下罚款；情节较轻的，处五日以下拘留或者五百元以下罚款：

（一）散布谣言，谎报险情、疫情、警情或者以其他方法故意扰乱公共秩序的；

……

请你思考

同学们，你们是通过什么途径了解疫情动态的？如果你们还不知道，请问一下身边的朋友或老师。

第三单元　民法典篇
——我和我的家

导　言

2020年5月28日，我国第十三届全国人民代表大会第三次会议表决通过《民法典》。新法自2021年1月1日起施行。

《民法典》被称为"社会生活的百科全书"，是中华人民共和国第一部以"法典"命名的法律，在法律体系中居于基础性地位。

《民法典》共7编1260条，各编依次为总则、物权、合同、人格权、婚姻家庭、继承、侵权责任。

第一课　拒绝家庭暴力　共建和谐家园

【故事讲述】

三年级下学期，田小米被选为生活委员，负责同学们在校期间的生活管理，协助班主任了解同学们的身心健康和学习状态。

一天早上，田小米在课桌抽屉里发现了一张纸条，上面写着："有一件事情，我原本不想告诉别人，可是，我恐怕不能参加六一儿童节汇报演出了。我的胳膊受了很重的伤，我想说出真实原因，不想撒谎。我爸爸是电工，镇上的小超市让他去布置电线，爸爸一不小心从梯子上摔了下来，腿断了。他现在每天都把自

第三单元　民法典篇——我和我的家

己灌醉，对我和妈妈，想打就打，想骂就骂。每天，我都好害怕。放学之后，我不敢回家。昨天晚饭后，爸爸说我刷的碗不干净，使劲拧我的胳膊。今天早上起床后，我的胳膊青一块紫一块，疼得抬不起来。演出要穿短袖衬衫，我怕老师和同学们看见。田小米，我真的很苦恼，可又不知道该怎么办。"

"这位同学没留下名字，但有个重要线索——爸爸是电工。这件事很重要，如果处理不当，会给同学造成更大伤害。我应该向班主任求助。"田小米心想。

班主任通过学生信息表，很快确定写纸条的是丁小谷。在征得丁小谷的同意后，班主任拨通了妇联热线。妇联很快派出儿童心理咨询师，对丁小谷进行辅导，消除他内心因为家庭暴力产生的恐惧，让他能够重新相信家是安全的港湾。

·我的童年法则·

　　同时，妇联还为小谷爸爸联系了镇里的一位法援律师。律师在了解小谷爸爸的受伤过程后，为他提供了法律援助，帮他向小超市索赔了相应的医疗费和误工费。

　　又一个早上，田小米发现课桌里有一只千纸鹤，上面写着："小谷，你虽然年纪小，但已经是爸爸心目中的男子汉了！你会看到爸爸的改变，永远爱你保护你！"

第三单元 民法典篇——我和我的家

田小米开心得差点尖叫起来,她为小谷用这种方式表达对自己的感谢而赞叹,更为小谷和爸爸能够温暖相处而高兴。

・我的童年法则・

 法律保护我

家庭暴力是指,家庭成员之间以殴打、捆绑、残害、限制人身自由以及经常性谩骂、恐吓等方式实施的身体、精神等侵害行为。按照表现形式分类,最常见的是身体暴力和情感暴力;按照受害者类型,可分为:亲密伴侣暴力、儿童暴力、老年人暴力。

故事讲述中,丁小谷的爸爸在受伤后情绪低落,对自己的妻子和儿子实施家庭暴力,不但违反了法律的禁止性规定,而且对丁小谷和他妈妈造成了严重的身心伤害。在我国乃至全世界,家庭暴力都是一个十分严峻的问题,我国出台了一系列专门的法律以反对家庭暴力。相信同学们通过学习,能够在一定程度上识别和应对家庭暴力,并学会向身边人和妇联等机构求助,尽量避免家庭暴力的伤害。

第三单元 民法典篇——我和我的家

法律怎么说

《中华人民共和国民法典》第一千零四十二条第三款

禁止家庭暴力。禁止家庭成员间的虐待和遗弃。

《中华人民共和国刑法》第二百六十条第一款、第二款

虐待家庭成员,情节恶劣的,处二年以下有期徒刑、拘役或者管制。

犯前款罪,致使被害人重伤、死亡的,处二年以上七年以下有期徒刑。

《中华人民共和国反家庭暴力法》第二十三条

当事人因遭受家庭暴力或者面临家庭暴力的现实危险,向人民法院申请人身安全保护令的，人民法院应当受理。

当事人是无民事行为能力人、限制民事行为能力人，或者因受到强制、威吓等原因无法申请人身安全保护令的，其近亲属、公安机关、妇女联合会、居民委员会、村民委员会、救助管理机构可以代为申请。

《最高人民法院关于办理人身安全保护令案件适用法律若干问题的规定》第一条第一款

当事人因遭受家庭暴力或者面临家庭暴力的现实危险，依照反家庭暴力法向人民法院申请人身安全保护令的，人民法院应当受理。

《最高人民法院关于办理人身安全保护令案件适用法律若干问题的规定》第二条

当事人因年老、残疾、重病等原因无法申请人身安全保护令，其近亲属、公安机关、民政部门、妇女联合会、居民委员会、村民委员会、残疾人联合会、依法设立的老年人组织、

第三单元　民法典篇——我和我的家

救助管理机构等,根据当事人意愿,依照反家庭暴力法第二十三条规定代为申请的,人民法院应当依法受理。

请你思考

　　同学们,请制作一份反对家庭暴力的手抄报,把本课学到的知识分享给你们的父母吧。

· 我的童年法则 ·

第二课　促进家庭和睦　确保儿童权益

【故事讲述】

转眼快放暑假了,田小米找丁小谷讨论假期游玩计划。

丁小谷却一脸的不开心,"问你个问题,你必须如实回答。如果你爸爸妈妈要离婚,你会选择跟谁?"

"啊?那还用说,当然跟妈妈。妈妈每天给我做饭、洗衣服,还给我梳头、买漂亮衣服。"田小米不假思索地回答道。

"爸爸能修房子种庄稼,能带我去钓鱼捉蜻蜓,妈妈就不能,不是吗?"丁小谷激动地

第三单元　民法典篇——我和我的家

反驳。

"不会是你爸爸妈妈要离婚吧？"田小米有点回过神来了。

"是啊，好像约好了明天去民政局办离婚。我听见他们争论，我跟谁生活的问题。"说着说着，丁小谷的眼泪止不住地冒出来，田小米也心酸地跟着掉眼泪。

"对了，村委会院里新装了个电话亭，可以打法律服务咨询热线，我们试着咨询一下，怎么样？"田小米拉起丁小谷的手就跑。

接听电话的是一位女律师，她非常耐心地听丁小谷讲完自己的遭遇，说："孩子，不要害怕，就算爸爸妈妈离婚了，他们依然会好好爱护你。你现在10岁了，有权利根据自己的想法，选择跟爸爸生活，还是跟妈妈生活。"

听到这里，丁小谷舒了一口气。

这时，女律师提示丁小谷，接下来要说的

我的童年法则

才是重点,需要仔细听才行。原来,法律规定,申请离婚后,要经过30天的冷静期,才能正式办理离婚。这30天非常关键,如果丁小谷能够积极做好爸爸妈妈之间的润滑剂,他们不一定会离婚。

丁小谷的心情不再沉重了,原来幸福有时候要靠自己争取。

恰逢周末是奶奶的生日,丁小谷拿出自己的全部压岁钱,求爸爸在奶奶生日当天,带家人去县里照相馆拍全家福。

拍照那天,全家人都开心得合不拢嘴。丁小谷突然大声问:"奶奶,爸爸妈妈结婚的时候拍过婚纱照吗?"奶奶说:"你妈妈是个好姑娘,结婚的时候什么彩礼也不肯要,别说婚纱照了,连婚礼都很简单。""奶奶,你看照相馆里的婚纱多漂亮,让爸爸和妈妈补个婚纱照,也算是给你的生日礼物,你说好不好?"

丁小谷提议道。

奶奶拍手表示赞同。爸爸妈妈不好意思当众拒绝，就同意了。

·我的童年法则·

不知道为什么，那天回到家里后，爸爸妈妈看起来跟以往不一样了。爸爸抢着干家务活；妈妈不再数落爸爸，而是不停地夸爸爸能干。

有一天，爸爸妈妈很早就一起去了县城，丁小谷偷偷跟在后面，心想要坚决阻止他们离婚。这次，丁小谷猜错了，爸爸妈妈直奔照相馆，取完照片就回家了。全家福挂在客厅，婚纱照挂在爸爸妈妈卧室的床头，家里一下温馨了很多。

丁小谷见到田小米时，简直心花怒放，他用高八度的声音说："谢谢小米同学帮我找到求助途径，谢谢律师阿姨传授我秘诀。我们虽说是孩子，但也应该为自己的幸福而行动起来！"

第三单元　民法典篇——我和我的家

法律保护我

家是最小国，国是千万家。家庭是社会最基本的细胞，良好的家庭关系对夫妻关系的和睦、未成年子女的健康成长、社会的和谐稳定至关重要。每个家庭成员都应当为营造良好的家庭氛围而行动起来。

父母因为家庭琐事发生争吵，决定离婚。丁小谷听取田小米的建议，通过公共法律服务热线进行咨询，并开动脑筋，想出通过拍全家福来增进父母感情的好办法。同学们，无论时代如何变化，无论经济社会如何发展，对个体来说，家庭生活都非常重要，家庭的功能都不可替代。丁小谷通过自己的思考和行动，让即将破裂的家庭关系重归于好，相信你们通过学习，也可以在日常生活中，充当家庭关系的润滑剂。当然，你们只有认真学习不同领域的知识，才能掌握有效的方法。

《中华人民共和国民法典》第一千零四十三条

　　家庭应当树立优良家风，弘扬家庭美德，重视家庭文明建设。

　　夫妻应当互相忠实，互相尊重，互相关爱；家庭成员应当敬老爱幼，互相帮助，维护平等、和睦、文明的婚姻家庭关系。

《中华人民共和国民法典》第一千零四十五条

　　亲属包括配偶、血亲和姻亲。

　　配偶、父母、子女、兄弟姐妹、祖父母、

外祖父母、孙子女、外孙子女为近亲属。

配偶、父母、子女和其他共同生活的近亲属为家庭成员。

《中华人民共和国民法典》第一千零七十七条

自婚姻登记机关收到离婚登记申请之日起三十日内,任何一方不愿意离婚的,可以向婚姻登记机关撤回离婚登记申请。

前款规定期限届满后三十日内,双方应当亲自到婚姻登记机关申请发给离婚证;未申请的,视为撤回离婚登记申请。

《中华人民共和国民法典》第一千零八十四条

父母与子女间的关系,不因父母离婚而消除。离婚后,子女无论由父或者母直接抚养,仍是父母双方的子女。

离婚后,父母对于子女仍有抚养、教育、

保护的权利和义务。

离婚后,不满两周岁的子女,以由母亲直接抚养为原则。已满两周岁的子女,父母双方对抚养问题协议不成的,由人民法院根据双方的具体情况,按照最有利于未成年子女的原则判决。子女已满八周岁的,应当尊重其真实意愿。

请你思考

同学们,爸爸妈妈在生活中产生矛盾时,你们会做哪些事情,让他们开心起来?

第四单元　民法典篇
——我和我的学校

导　言

《民法典》的颁布，标志着我国公民个人权益的保护跨入全新时代。《民法典》高度关注学生群体的合法权益，从生命权、健康权、人格权等方面进行了全方位的法律保护，在新时代法治理念的指导下，为学生筑起了一道牢固的安全防护墙。

《民法典》将我国的残疾人权益保障推进到了一个新的发展阶段，不仅为残疾人提供了广泛的平等性保护，也对《残疾人保障法》《精神卫生法》等的具体实施起到了重要的助推作用。

· 我的童年法则 ·

第一课 拒绝校园欺凌 构建平安校园

【故事讲述】

大壮是田小米和丁小谷的同学,这孩子从小就是一个活脱脱的"混世魔王",调皮任性,同村孩子没有不怕他的。

这天,丁小谷值日,在去倒垃圾的路上,突然听到杂乱的争吵声。

"笨小鸭,今天轮到你帮我干活了。"丁小谷听出来,这是大壮的声音。

"今天不是我值日!"一个男孩的声音反驳着,情绪激烈但语气里带着恐惧。

"兄弟们,上周怎么收拾这小子的,这周

第四单元　民法典篇——我和我的学校

加点量,给他点颜色。"大壮一声令下。

很快,小男孩被几个同学按住,一顿拳打脚踢。

丁小谷气愤极了,冲过去一把抓住大壮的衣服,准备用脚踢他。

田小米恰好路过,抱着丁小谷让他住手,同时大声喊:"打人是犯法的,都别打了!"

"别拦我!他这么欺负人,我要给同学出出气!"丁小谷试着挣脱。

这时,教导主任已经得到消息,赶到了现场。

"主任,大壮动不动就打我,有一次我数学考试没及格,他从此就开始叫我'笨小鸭'。"说着,男孩哭着躲到了田小米背后。

丁小谷把自己的所见所闻说了一遍。

教导主任了解事情真相之后,严厉地对大壮说:"给同学起外号是伤害同学自尊的行为；公开殴打同学，不但违反学校纪律，而且已经触犯了法律。"

"别拿这一套吓唬我，法律都是给大人用的。"大壮一脸的不服气。

"同学们，未成年人如果存在不良行为、犯罪行为，与成年人一样，需要接受教育，必要时，还会受到法律的制裁。殴打同学，是非常恶劣的行为，可能触犯《治安管理处罚法》，被拘留；情节严重的，甚至会触犯《刑法》，要坐牢的！"教导主任耐心地解释说。

教导主任在第二天的全校大会上说："昨天，丁小谷同学第一个发现殴打现场，为了保护同学，他挺身而出。他的出发点是好的，但，以暴制暴的行为不值得表扬。遇到类似的事件，同学们一定要及时告诉家长和老师，寻求大人的帮助。"

大壮突然跑到讲台中央，深深鞠躬："我

第四单元　民法典篇——我和我的学校

为自己过去的错误行为向老师和同学道歉,我希望用自己的力量保护同学,而不是欺负同学。请大家监督我!"

丁小谷对田小米说:"我们一起监督大壮,你也要监督我,我们都要为和谐校园行动起来!"

·我的童年法则·

校园欺凌是指发生在校园内、学生上学或放学途中、学校的教育活动中的，老师、同学或校外人员，蓄意滥用语言、躯体力量、网络、器械等，针对师生的生理、心理、名誉、权利、财产等实施的达到某种程度的侵害行为。

校园欺凌侵害了未成年人的身心健康，扰乱了学校正常的教学管理秩序，严重影响了学生及家长对校园的安全感。

故事讲述中，大壮给同学起绰号、侮辱同学智商低、动手殴打同学的行为，已经构成了校园欺凌。虽然大壮当众认错，但受害同学内心的阴影却可能会伴随其终生。

同学们，相信你们每个人都会坚持拒绝校

第四单元　民法典篇——我和我的学校

园欺凌，不做沉默的被欺凌者，不做冷漠的旁观者，更不会充当可恶的欺凌者！

法律怎么说

《中华人民共和国民法典》第一千二百零一条

无民事行为能力人或者限制民事行为能力人在幼儿园、学校或者其他教育机构学习、生活期间，受到幼儿园、学校或者其他教育机构以外的第三人人身损害的，由第三人承担侵权责任；幼儿园、学校或者其他教育机构未尽到管理职责的，承担相应的补充责任。幼儿园、学校或者其他教育机构承担补充责任后，可以向第三人追偿。

《中华人民共和国刑法》第十七条

已满十六周岁的人犯罪,应当负刑事责任。

已满十四周岁不满十六周岁的人,犯故意杀人、故意伤害致人重伤或者死亡、强奸、抢劫、贩卖毒品、放火、爆炸、投放危险物质罪的,应当负刑事责任。

已满十二周岁不满十四周岁的人,犯故意杀人、故意伤害罪,致人死亡或者以特别残忍手段致人重伤造成严重残疾,情节恶劣,经最高人民检察院核准追诉的,应当负刑事责任。

对依照前三款规定追究刑事责任的不满十八周岁的人,应当从轻或者减轻处罚。

因不满十六周岁不予刑事处罚的,责令其父母或者其他监护人加以管教;在必要的时候,依法进行专门矫治教育。

第四单元　民法典篇——我和我的学校

《中华人民共和国未成年人保护法》第一百三十条

本法中下列用语的含义：

……

（三）学生欺凌，是指发生在学生之间，一方蓄意或者恶意通过肢体、语言及网络等手段实施欺压、侮辱，造成另一方人身伤害、财产损失或者精神损害的行为。

请你思考

同学们，如果有同学在学校欺负你或者欺负别的同学，请问你该怎么办？

· 我的童年法则 ·

第二课　关爱残疾同学
助推融合教育

【故事讲述】

田小米的弟弟患有小儿麻痹症,生活不能自理。最近,校长到家里动员说,弟弟到了入学年龄,他跟其他孩子一样,享有受教育权,请爸爸妈妈为他办理入学手续。

"我推轮椅带弟弟一起上学,让丁小谷负责带他去卫生间。"田小米听到弟弟能上学的消息特别兴奋,主动要承担在学校照顾弟弟的责任。

"不去,不去!体育课不能上,游戏也不能跟同学们玩,学习再好,我也是个没用的

第四单元　民法典篇——我和我的学校

残疾人，只会成为别人的笑料。"弟弟边说边哭。

爸爸妈妈一时不知道该如何回应，田小米伤心地哭了起来。

校长了解到田小米一家的想法，打算请一位高手帮忙。

校长说的高手是一位坐在轮椅上的漂亮姐姐。原来，她在读大学期间遭遇车祸，失去了双腿。当时，她不但失去了学习的动力，甚至认为活着都没有意义。老师说，同学们并没有放弃她，轮流照顾她的生活，推着轮椅带她上课，去图书馆阅读。体育课她也很活跃，投篮、打乒乓球。更棒的是，她成了学校合唱团的领唱。大学毕业后，她留校当了老师。

姐姐的乐观和勇敢让在场的每一个人都非常感动。田小米和弟弟听得入了神。

校长问："小伙子，想不想上学？"

"想!我要向姐姐学习,做一个有趣的人。"弟弟像个大人一样回答道。

田小米的弟弟入学后非常努力,也积极参加学校的各项活动,学习成绩名列前茅。

弟弟在期末班会上分享他的学习心得时说:

"学校里的每一位同学和老师都像天使一样善良,对我非常友好,也始终用平等的态度对待我,这给了我最大的鼓励。

第四单元　民法典篇——我和我的学校

"有一位著名的残疾人作家叫张海迪，我想跟同学们分享她的一段话，共勉：'如果我能站起来的话，我想试试跳舞，真的，这是我内心深处的一种最大的愿望。虽然我这么多年没有跳过舞，但是我一直没有停止生命的舞蹈，我想生命的舞蹈可能比现实的舞蹈更美丽。'"

·我的童年法则·

残疾人是人类大家庭的平等成员。我国残疾人总数在8500万以上。尊重和保障残疾人的人权和人格尊严，使他们能以平等的地位和均等的机会充分参与社会生活，是国家义不容辞的责任，也需要全社会给予充分的尊重、关心和帮助。

故事讲述中的坐着轮椅的姐姐，在遭遇车祸残疾后，一度颓废失落，甚至认为活着都失去了意义，但老师和同学给了她无限的关爱和帮助。她不仅通过努力学习获得了与常人相同的工作机会，而且投身于公益事业，鼓励了更多残疾人立志向上。她是一个了不起的好榜样。

同学们，如果你们的身边有像田小米的弟

第四单元 民法典篇——我和我的学校

弟这样的同学，相信你们也会毫不犹豫地伸出友爱之手，在日常生活和学习中，爱护他、帮助他，让他跟你们一起努力学习，成为对社会有所贡献的人。

法律怎么说

《中华人民共和国宪法》第四十五条第三款

国家和社会帮助安排盲、聋、哑和其他有残疾的公民的劳动、生活和教育。

《中华人民共和国民法典》第一百二十八条

法律对未成年人、老年人、残疾人、妇女、消费者等的民事权利保护有特别规定的，依照其规定。

《中华人民共和国民法典》第一千零四十一条第三款

· 我的童年法则 ·

保护妇女、未成年人、老年人、残疾人的合法权益。

《中华人民共和国残疾人保障法》第三条第一款

残疾人在政治、经济、文化、社会和家庭生活等方面享有同其他公民平等的权利。

《中华人民共和国残疾人保障法》第二十一条

国家保障残疾人享有平等接受教育的权利。

各级人民政府应当将残疾人教育作为国家教育事业的组成部分，统一规划，加强领导，为残疾人接受教育创造条件。

政府、社会、学校应当采取有效措施，解决残疾儿童、少年就学存在的实际困难，帮助其完成义务教育。

各级人民政府对接受义务教育的残疾学生、贫困残疾人家庭的学生提供免费教科书，

第四单元　民法典篇——我和我的学校

并给予寄宿生活费等费用补助；对接受义务教育以外其他教育的残疾学生、贫困残疾人家庭的学生按照国家有关规定给予资助。

《中华人民共和国残疾人保障法》第二十五条

普通教育机构对具有接受普通教育能力的残疾人实施教育，并为其学习提供便利和帮助。

普通小学、初级中等学校，必须招收能适应其学习生活的残疾儿童、少年入学；普通高级中等学校、中等职业学校和高等学校，必须招收符合国家规定的录取要求的残疾考生入学，不得因其残疾而拒绝招收；拒绝招收的，当事人或者其亲属、监护人可以要求有关部门处理，有关部门应当责令该学校招收。

普通幼儿教育机构应当接收能适应其生活的残疾幼儿。

·我的童年法则·

请你思考

　　同学们，为方便残疾人生活，国家对一些公共设施做了无障碍设计，如盲人道等。如果让你们发明或设计一种能够方便残疾人生活的工具或设施，你们会做什么？

第五单元　民法典篇
——我和我的社会生活

导　言

　　作为一部基础性法律，《民法典》将少年儿童作为其重点保护的群体之一。从规定8周岁以上的未成年人为限制民事行为能力人，到明确父母对未成年子女负有抚养、教育和保护的义务，再到规定收养应当遵循最有利于被收养人的原则，《民法典》对未成年人的保护涵盖方方面面，形成了一张全阶段、多角度的权益保护网。可以说，《民法典》对未成年人的保护，是其人文价值、法治精神的重要体现。

　　《民法典》中关于未成年人权益保护的规定，不仅有利于少年儿童维护自身合法权益，而且能够帮助少年儿童养成基本的法律素养，从而增强自觉守法的意识，在生活中严守法律。

· 我的童年法则 ·

第一课　识别拐卖套路　守护人身安全

【故事讲述】

秋季学期伊始，学校门口多了一个"钱途无量咨询台"，几个自称公司经理的人在进行招聘。

虽然九年义务教育制度已全面落实，但六年级一毕业，总有些家长，想让孩子早点打工赚钱，有些不愿意学习的孩子，也盼着早点走出农村，去看看外面的世界。

一天放学后，丁小谷发现姐姐坐在咨询台前，一位穿着西服套裙的女士热情洋溢地跟她说着话。丁小谷一时没了主意，不知道姐姐想

第五单元　民法典篇——我和我的社会生活

干什么，赶紧喊上田小米凑过去。

原来，姐姐不想继续读初中了，可除了做家务，她没有一技之长，她想进城又感觉自己去了找不到工作。但，招聘经理说，城里人都很忙碌，没有时间照顾自己的孩子，像姐姐这样乖巧懂事又能做家务的小女孩，非常受欢迎。他们公司包吃包住，定期对姐姐进行免费培训，每个月发1000块工资。

丁小谷听完兴奋地大声说："这么好的事情，我都想去。"

招聘经理拍拍他的肩膀，说："小伙子，有出息！我们有适合不同年龄孩子的工作，而且有大人专门培训，这几天你们学校来报名的，最小才8岁。你作为男子汉，应该早点挣钱，帮家里减轻负担。既然来了，干脆报个名吧。"

这场咨询让田小米和丁小谷大开眼界，

我的童年法则

但田小米跟丁小谷和他姐姐说:"这是大事情,应该回家跟爸妈商量一下,再决定是否签合同。"

可是,第二天、第三天、第四天,咨询台前再也没来一个人。第五天,学校来了两位警察,参加当天下午举行的全体学生和家长大会。

会议开始是播放法治节目,一个拐卖儿童的犯罪团伙被抓捕,正是前几天在学校门口招工的"经理"们。原来,他们打着招聘的幌子,将大量留守在乡村的儿童或渴望外出打工的儿童带离家乡,然后贩卖给有收养需求的家庭,或收买廉价童工的私营企业主,甚至组织、教唆儿童进行犯罪活动。

"原来,拐卖儿童距离我们的生活并不遥远,人贩子就潜伏在我们身边。"丁小谷吓得直冒冷汗。

第五单元 民法典篇——我和我的社会生活

田小米若有所思地说:"这次,我们算是很走运!以后,我们还会遇到很多以前没有碰到过的事情,学习更多知识、开拓视野,才能认识这个复杂的世界,争取保护好自己和家人。"

· 我的童年法则 ·

 法律保护我

随着生活水平的提高，未成年人的生理和心智等发育得都比较快。但，不可否认，其对事物的认知度，对自己行为的认识度等，相比成年人，仍然有一定的不足。因此，我国法律明确禁止用人单位招用不满16周岁的未成年人。

拐卖儿童是一种世界性犯罪，在贫困地区和人口流动集中的发达地区尤其严重。儿童被拐卖不仅影响儿童一生的成长，更会给无数家庭造成难以愈合的创伤。

故事讲述中，丁小谷的姐姐作为未满16周岁的未成年人自行前往报名应聘，差点被犯罪集团拐卖；犯罪集团以用人单位招工之名义拐卖儿童，已经构成犯罪。同学们，相信以后的

第五单元　民法典篇——我和我的社会生活

生活中,你们不仅自己能够做到在年满16周岁前不辍学打工,也会告知他人不要做违法的事情。更重要的是,相信你们能够识破拐卖儿童犯罪分子所使用的花招,不轻易沦为受害人。

法律怎么说

《中华人民共和国民法典》第十八条

成年人为完全民事行为能力人,可以独立实施民事法律行为。

十六周岁以上的未成年人,以自己的劳动收入为主要生活来源的,视为完全民事行为能力人。

《中华人民共和国刑法》第二百四十条第二款

拐卖妇女、儿童是指以出卖为目的,有拐

骗、绑架、收买、贩卖、接送、中转妇女、儿童的行为之一的。

《中华人民共和国刑法》第二百六十二条

拐骗不满十四周岁的未成年人,脱离家庭或者监护人的,处五年以下有期徒刑或者拘役。

《中华人民共和国未成年人保护法》第六十一条第一款

任何组织或者个人不得招用未满十六周岁未成年人,国家另有规定的除外。

《中华人民共和国劳动法》第十五条第一款

禁止用人单位招用未满十六周岁的未成年人。

第五单元　民法典篇——我和我的社会生活

同学们，在学校门口，如果遇到陌生人要带你们进城旅游几天，你们会怎么做？

·我的童年法则·

第二课　遵守交通规则
　　　　安全快乐出行

【故事讲述】

国庆节快到了，大街小巷都洋溢着浓浓的节日氛围。县城里举办"乡村快闪迎国庆，礼赞丰收颂党恩"活动，村里很多乡亲把种植的玉米、花生、谷子、水果等运到现场，摆出新奇的造型，热闹非凡！

这一天，田小米的表哥开着新买的小轿车回村里了，田小米求表哥回城时顺路送她和丁小谷去县城看国庆展。表哥一口答应："没问题，正好要送我爸妈和我姐去。"田小米数了数，说："课本上说，小客车最多乘坐5人，咱

第五单元　民法典篇——我和我的社会生活

们是6个人，属于超载，违反交通规则了。"

表哥说，"你俩是小孩，算1个人。"

"哥哥，超载后要对驾驶员进行处罚。我们不能图自己方便，让你受罚，我们再想想其他办法。"丁小谷说。

田小米灵机一动，提议道："丁小谷，我看你经常骑着家里的电动车在村子里晃悠，我爷爷的电动车今天在家闲着呢，你载着我去县城，怎么样？"

丁小谷骄傲地拍着小胸脯："妥妥的！金牌电动车驾驶员在此，已经安全行驶3千米。"

表哥大笑起来："你们俩刚刚给我上了一节交通法规课，现在轮到我来给你们上一课啦。不满12周岁不能在道路上骑自行车，不满16周岁不能骑电动车；并且骑电动车需要戴头盔，每小时行驶距离不能超过25千米。"

· 我的童年法则 ·

田小米说:"太有趣了,原本是要进城看大戏,没想到先进行了一场交通法规知识大比拼。"

正在这时,村委会的广播播报,国庆展专线公共汽车20分钟后出发,村民可以免费乘坐,未成年人需要有成年人陪同。

表哥看出了田小米和丁小谷的心思,他们

第五单元　民法典篇——我和我的社会生活

担心爸爸妈妈不能陪同。表哥拉起他俩的手就往公共汽车集合点走:"咱们一起去坐公交。今天,我是一个陪同未成年人的成年人。"

那一天,田小米和丁小谷玩得特别开心,而且不经意间,他们也学习到了交通法规知识。

· 我的童年法则 ·

2018年10月19日,世界卫生组织在日内瓦发布的《2015年全球道路安全现状报告》称,尽管道路安全有所改善,但每年仍有约125万人死于道路交通事故,相当于全球每天有3500人因交通事故死亡。

儿童缺乏交通安全知识和自我保护技能,是最易受到交通伤害的人群。儿童不仅骑车安全意识淡薄,而且应变能力不够,遇到紧急情况时往往不能正确处置,极易导致交通事故的发生。特别是近年来电动自行车的数量快速增长,儿童骑电动自行车导致的交通事故也呈上升趋势。

故事讲述中,田小米和丁小谷不乘坐超员车辆的做法是正确的,因为超员仅与车内人员数量有关,与乘坐人员的高矮、胖瘦、年龄均无关系。表哥阻止丁小谷和田小米自行驾驶电动自行车的做法也是正确的,因为法律禁止未满16周岁的未成年人在道路上骑行电动自行车,与其性别、高矮胖瘦等因素均无关。

同学们,文明出行关乎生命安全,相信你们会牢记学到的交通知识,并严格遵守道路交通法规。

法律怎么说

《中华人民共和国民法典》第一千一百七十九条

侵害他人造成人身损害的,应当赔偿医疗费、护理费、交通费、营养费、住院伙食补助费等为治疗和康复支出的合理费用,以及因误工减少的收入。造成残疾的，还应当赔偿辅助器具费和残疾赔偿金；造成死亡的，还应当赔偿丧葬费和死亡赔偿金。

《中华人民共和国道路交通安全法》第四十九条

机动车载人不得超过核定的人数，客运机动车不得违反规定载货。

《中华人民共和国道路交通安全法》第五十一条

机动车行驶时，驾驶人、乘坐人员应当按规定使用安全带，摩托车驾驶人及乘坐人员应当按规定戴安全头盔。

《中华人民共和国道路交通安全法实施条例》第七十二条

在道路上驾驶自行车、三轮车、电动自行车、残疾人机动轮椅车应当遵守下列规定：

（一）驾驶自行车、三轮车必须年满12

周岁；

（二）驾驶电动自行车和残疾人机动轮椅车必须年满16周岁；

....

《电动自行车安全技术规范》第4.1条

....

C电驱动行驶时，最高设计车速不超过25km/h；电助动行驶时，车速超过25km/h，电动机不得提供动力输出；

....

请你思考

同学们，除了以上交通法规知识，你们还知道哪些道路安全小常识，跟同学们分享一下吧。

第三课　识别消费陷阱　　　维护合法权益

【故事讲述】

丁小谷平时最大的爱好就是打篮球。

一天,丁小谷在集市上看到一个叫"海盗船"的摊位,里面售卖的东西都很新奇,200块一件,不讲价。有一个篮球吸引了丁小谷的目光,上面写着他看不懂的文字。

摊主看丁小谷对篮球很感兴趣,走过来介绍说:"这个篮球是乔丹用过的,上面还有他的亲笔签名呢!谁用谁就能练成世界冠军。"他还说,这个篮球非常值得收藏,不管过多少年,都不会贬值!

第五单元　民法典篇——我和我的社会生活

　　丁小谷一想，这样的好事真不能错过，自己用上乔丹的篮球，没准儿就能进县篮球队了，用完还能再卖掉。丁小谷知道妈妈一定不会同意，便跑去求奶奶，奶奶平时省吃俭用，但听说是丁小谷特别喜欢的篮球，马上就答应了。

　　丁小谷买到篮球后，马上找田小米一起到操场玩。谁知没拍几下，篮球外面的皮就开始脱落，田小米说："这篮球质量太差了，你花几块钱买的？"

　　丁小谷哇的一声哭起来："花了200块，就在村边集市上买的。"

　　田小米说："我记得每次赶集，都有穿制服的叔叔挨个摊位检查，咱们去看看今天有没有值班的制服叔叔，说不定能帮上我们。"

　　原来，这些叔叔是市场监督管理局的工作

· 我的童年法则 ·

人员，听丁小谷说完自己的遭遇，马上带他去了"海盗船"摊位。

制服叔叔向摊主出示了工作证，跟他说："丁小谷是未成年人，不能独自购买这么贵的篮球。更重要的问题是，出售假冒伪劣商品或在出售商品时存在欺诈行为，都是严重的违法情形。请你先向这位小朋友退还200元，然后配合我们对你的商品进行检查。"

第五单元　民法典篇——我和我的社会生活

在周五的班会上，丁小谷跟全班同学讲述了自己买篮球的经历，并告诫大家以后在购买文具以外的东西时，应该与大人一起去；如果买东西被骗，应当积极寻求制服叔叔的帮助。

·我的童年法则·

　　随着九年义务教育制度的普及，越来越多的未成年人掌握了丰富的知识，但其心智仍不成熟，容易被不良事物诱导，因此法律对未成年人购买商品提供了多方面的特殊保护。首先，法律禁止经营者向未成年人销售危害未成年人人身安全和身心健康的商品。例如烟、酒、彩票、未标明注意事项的食品、药品等。其次，即使出售的是法律规定的未成年人可以购买的商品，也需要根据未成年人的年龄，确定购买行为是否有效。不满8周岁的未成年人属于无民事行为能力人，其单独购买商品的行为一律无效。已满8周岁的未成年人属于限制民事行为能力人，只能独立从事与其年龄、智力和精神状况相适应的法律行为，如购买铅笔、橡

第五单元　民法典篇——我和我的社会生活

皮、酱油等日常学习或生活用品。否则，其购买行为需等待法定代理人追认，如法定代理人拒绝追认，则行为无效。

　　故事讲述中，丁小谷购买的篮球并非普通篮球，根据经营者介绍是乔丹使用过并亲笔签名的篮球，这已经超过未成年人的智力和认知范围，其无法判断真实性。根据篮球糟糕的质量，我们可以轻而易举地发现经营者的行为具有明显的欺诈性，丁小谷被骗了。之后，丁小谷刚使用了一会儿便发生脱皮的现象，虽然是二手篮球，但其质量存在严重问题，属于伪劣商品。经营者违反了法律的禁止性规定，丁小谷可以随时要求退货。

　　同学们，相信你们在日常生活中，能够做到尽量只购买与自己的学习、生活密切相关，并且你们能够轻易识别质量好坏、价格高低的商品。一旦需要购买的商品超出日常所见所闻，相信你们会及时跟爸爸妈妈或老师进行沟通，让他们来决定是否购买。如果你们购买的商品出现问题，记得拨打12315热线电话，咨询维权相关事宜。

 法律怎么说

《中华人民共和国民法典》第十九条

　　八周岁以上的未成年人为限制民事行为能力人，实施民事法律行为由其法定代理人代理或者经其法定代理人同意、追认；但是，可以独立实施纯获利益的民事法律行为或者与其年龄、智力相适应的民事法律行为。

《中华人民共和国民法典》第二十条

　　不满八周岁的未成年人为无民事行为能力人，由其法定代理人代理实施民事法律行为。

第五单元　民法典篇——我和我的社会生活

《中华人民共和国未成年人保护法》第五十五条

生产、销售用于未成年人的食品、药品、玩具、用具和游戏游艺设备、游乐设施等，应当符合国家或者行业标准，不得危害未成年人的人身安全和身心健康。上述产品的生产者应当在显著位置标明注意事项，未标明注意事项的不得销售。

《中华人民共和国未成年人保护法》第五十九条

学校、幼儿园周边不得设置烟、酒、彩票销售网点。禁止向未成年人销售烟、酒、彩票或者兑付彩票奖金。烟、酒和彩票经营者应当在显著位置设置不向未成年人销售烟、酒或者彩票的标志；对难以判明是否是未成年人的，应当要求其出示身份证件。

任何人不得在学校、幼儿园和其他未成年

· 我的童年法则 ·

人集中活动的公共场所吸烟、饮酒。

《中华人民共和国未成年人保护法》第六十条

禁止向未成年人提供、销售管制刀具或者其他可能致人严重伤害的器具等物品。经营者难以判明购买者是否是未成年人的，应当要求其出示身份证件。

《中华人民共和国产品质量法》第三十九条

销售者销售产品，不得掺杂、掺假，不得以假充真、以次充好，不得以不合格产品冒充合格产品。

请你思考

同学们，如果妈妈让你们去超市买一瓶醋，回来之后发现已经过了保质期，你们该怎么做？

第六单元　未成年人保护法篇
——我和我的权利保护

导　言

我国《未成年人保护法》是专门保护未满18周岁公民合法权益的法律，1991年由第七届全国人民代表大会常务委员会第二十一次会议通过，2020年10月17日第十三届全国人民代表大会常务委员会第二十二次会议通过第二次修订，现行《未成年人保护法》自2021年6月1日起施行。

现行《未成年人保护法》分为总则、家庭保护、学校保护、社会保护、网络保护、政府保护、司法保护、法律责任和附则，共9章

132条。

《未成年人保护法》作为未成年人保护领域的综合性法律,对未成年人享有的权利、未成年人保护的基本原则和未成年人保护的责任主体等作出了明确规定。

第六单元　未成年人保护法篇——我和我的权利保护

第一课　捍卫身体权利
　　　远离恶意侵害

【故事讲述】

　　转眼要上五年级了，除了一年比一年学习的知识多，田小米和丁小谷的个头也长高了，不戴红领巾、不穿校服的时候，几乎看不出是小学生了。

　　这一天，两个人约在村口碰头，准备一起去县城，买新学期要用的文具。

　　天空阴沉沉的，下着小雨，街上空荡荡的，几乎没有路人。田小米打着伞，站在村口等丁小谷。

　　一个挺着大肚子的阿姨走过来，说："小

· 我的童年法则 ·

姑娘,我是邻村的,今天出门没带伞,被雨淋得浑身不舒服,你能送我回家吗?"

"阿姨,您先跟我打同一把伞,我的朋友丁小谷马上就到,我们一起送你回家吧。"田小米走上前给孕妇打着伞,自己的一半身体都在雨中。

"我感觉特别冷,浑身哆嗦。要不我自己走吧,你继续等你的朋友。"阿姨满脸不情愿。

田小米一想,阿姨怀孕了,确实需要帮助,就算不去买文具也应该送她回家。于是,她爽快地答应了。

阿姨家就在邻村村口,屋里黑漆漆的,田小米有点害怕。可是她想,把阿姨交给她的家人再离开更稳妥一些。就在田小米要问阿姨她的家人在不在的时候,阿姨突然从里面把房门锁上了。紧接着,角落里传来一个男人的声

第六单元 未成年人保护法篇——我和我的权利保护

音:"小姑娘,长得真可爱,快过来让叔叔抱抱……"田小米还没弄清楚声音从哪个方向发出来,就看到一个身影向她扑过来。田小米哭喊着在屋子里乱跑,孕妇和男人一起追上她,把她死死按在了一张脏乱的床上。男人一把扯掉了田小米的外套,粗糙的大手在她身上摸来摸去,随后用力撕扯她的裤子。田小米彻底被吓蒙了,她感觉自己跌入了地狱。

就在这时,屋门被"砰"地撞开,手电筒的光如同探照灯般直射进来。孕妇和男人放开田小米,企图逃跑,但已经晚了。丁小谷和村治安主任堵住了门口。

原来,丁小谷到村口的时候没看到田小米,他知道田小米不会迟到,便四周找,模糊看见像是田小米的背影跟一个大人走向邻村。他拼命喊,但是雨太大,田小米没听见。恰好村治安主任经过,一听不妙,便跟丁小谷一起追来。

田小米脸色发紫，浑身战栗。丁小谷心疼地直掉眼泪。

后来，男人涉嫌犯罪被警察带走了，孕妇也涉嫌犯罪，但因为怀孕暂时在家待产。妇联安排了心理咨询师，对田小米进行心理辅导，帮她缓解内心的恐惧和创伤。

治安主任跟丁小谷说："你是个了不起的小英雄，但田小米身心受到了严重侵害，你不但不能到处宣扬自己的英雄事迹，还要严守秘密！"

丁小谷使劲点点头。

新学期开始不久，学校邀请了一位检察官，为全校同学做了一场题为"关于'性侵害'——爱护我们的身体"的专题讲座，围绕如何有效预防儿童遭受性侵害、提高对性侵害的警惕性，以及遭到性侵害后的保护方法等内容进行了宣讲，大大提高了同学们的自护意识和自救能力。

·我的童年法则·

　　儿童性侵害是许多国家普遍面临的问题，世界卫生组织《2014年全球预防暴力状况报告》指出，全球有20%的女性、8%的男性在18岁前受到过性侵害。

　　那么什么是"性侵害"呢？相信你能够记住，当发生以下情形时，你需要远离或者及时告诉大人：（1）大人要强行脱你的衣服或裤子，看你的身体；（2）大人在你面前脱内衣裤并强行要你看或摸他的隐私部位；（3）大人要强行抚摸你的身体；（4）大人用物体或身体的某个部位插入或尝试插入你的口中或隐私部位。

　　故事讲述中，田小米的遭遇是根据真实事件改编的，只是在现实中，不少儿童再也没能

第六单元 未成年人保护法篇——我和我的权利保护

小贴士

- 没有必要或者会让你不舒服的情况下，任何人都不可以触摸你的身体。
- 你的家人可以触摸你的身体，但他们绝不会随随便便地触摸你的屁股。
- 有时候有些不很熟悉的人，也可能需要触摸你的身体，比如医生、理发师，但在这种情况下，你的父母或者其他家人一定会在场陪着你。

活着走出那个黑暗的房间。同学们，在日常生活中，成年人坚持向小朋友求助是非常反常的行为，一旦发生这种情况，一定要勇敢地拒绝。如果不能及时脱身，相信你们一定能够想出办法，向其他成年人或警察寻求保护。

・我的童年法则・

《中华人民共和国未成年人保护法》第二十二条

未成年人的父母或者其他监护人因外出务工等原因在一定期限内不能完全履行监护职责的，应当委托具有照护能力的完全民事行为能力人代为照护；无正当理由的，不得委托他人代为照护。

未成年人的父母或者其他监护人在确定被委托人时，应当综合考虑其道德品质、家庭状况、身心健康状况、与未成年人生活情感上的联系等情况，并听取有表达意愿能力未成年人的意见。

具有下列情形之一的，不得作为被委托人：

（一）曾实施性侵害、虐待、遗弃、拐卖、暴力伤害等违法犯罪行为；

（二）有吸毒、酗酒、赌博等恶习；

（三）曾拒不履行或者长期怠于履行监护、照护职责；

（四）其他不适宜担任被委托人的情形。

《中华人民共和国未成年人保护法》第四十条

学校、幼儿园应当建立预防性侵害、性骚扰未成年人工作制度。对性侵害、性骚扰未成年人等违法犯罪行为，学校、幼儿园不得隐瞒，应当及时向公安机关、教育行政部门报告，并配合相关部门依法处理。

学校、幼儿园应当对未成年人开展适合其年龄的性教育，提高未成年人防范性侵害、性骚扰的自我保护意识和能力。对遭受性侵害、性骚扰的未成年人，学校、幼儿园应当及时采取相关的保护措施。

《中华人民共和国未成年人保护法》第五十四条第一款

禁止拐卖、绑架、虐待、非法收养未成年人，禁止对未成年人实施性侵害、性骚扰。

《中华人民共和国未成年人保护法》第六十二条

密切接触未成年人的单位招聘工作人员时，应当向公安机关、人民检察院查询应聘者是否具有性侵害、虐待、拐卖、暴力伤害等违法犯罪记录；发现其具有前述行为记录的，不得录用。

密切接触未成年人的单位应当每年定期对工作人员是否具有上述违法犯罪记录进行查询。通过查询或者其他方式发现其工作人员具有上述行为的，应当及时解聘。

《中华人民共和国未成年人保护法》第九十八条

国家建立性侵害、虐待、拐卖、暴力伤害等违法犯罪人员信息查询系统,向密切接触未成年人的单位提供免费查询服务。

请你思考

同学们,如果你们遇到和田小米一样的情况,你们会用什么方法拒绝那个阿姨呢?分组讨论一下吧。

第二课　预防网络沉迷　警惕网络犯罪

【故事讲述】

为了让丁小谷多长些见识，开些眼界，奶奶拿出自己的积蓄，给丁小谷买了一台电脑。除了用它学习，丁小谷也用它偷偷玩《虎者荣耀》。

有一天，丁小谷刚上线，就收到一条客服发来的信息："亲爱的玩家，恭喜您获得我公司本月大神奖，现金1000元。"

"我的运气也太好了！我是5年级的学生了，经历过一些风风雨雨，骗子也没少见，不会随便上当，麻烦你亮一下工作证。"

第六单元　未成年人保护法篇——我和我的权利保护

"不愧是大神，有个性！工作证电子版马上发你。"丁小谷收到后，仔细看了一下，设计精美、大气，信息也挺齐全，不像是骗子。丁小谷有点想放下警惕，但理性依然让他感觉不能完全放心，于是他又问道："拿这个奖金，还有什么额外条件吗？"

"我们的大神奖，是通过电脑摇签产生的。奖金一定要发出去，只是发给谁的问题。你如果放弃，我们只需再让电脑摇一次，没有任何附带条件。"

"具体怎么操作？"丁小谷追问道。

"我给你发链接，你点进去，填写一下个人信息就可以了。如果是未满18周岁的小哥哥，填写父母的银行卡信息就可以，给父母一个惊喜，也是很棒的体验。"

"好的，那我写一下妈妈的身份信息和银行卡账户信息。"丁小谷按照客服的指示填完信息提交后，心里一阵激动，没想到好好玩游戏就能给妈妈赚钱，看来以后可以在学习这件事情上"躺平"了。

没想到，惊喜变成了惊吓！当晚，丁小谷妈妈的手机收到一串短信，银行卡里仅有的500元，分5次被刷走。妈妈吓得目瞪口呆，不知所措。丁小谷赶紧打开电脑，发现已无法登录账号了，他意识到是自己惹了祸。

丁小谷把事情的来龙去脉一五一十地给田小米讲了一遍。田小米说："现在还不是悔恨的时候，要想办法把钱追回来，而且不能让更多人上当了。"丁小谷一拍脑袋："有了，我下载过'国家反诈中心APP'，马上报案！"

报案资料提交到网络平台后，警察对情况进行了核实，"虎者荣耀"游戏公司很快就把500元钱退还给了丁小谷。原来，跟丁小谷联系的客服，利用自己掌握的玩家信息，以中奖

第六单元　未成年人保护法篇——我和我的权利保护

通知骗取玩家的银行卡账号，然后盗窃卡中存款。但除了丁小谷，其他玩家都没有相信他，所以他只骗到了丁小谷的500元。游戏公司认为招聘和管理客服不当，是造成丁小谷损失的原因之一，他们愿意主动承担责任。

虽然幸运地收回了妈妈的存款，但丁小谷经过这件事一下长大了很多，他再也不沉迷网络游戏了，而是把更多的精力放在了学习上。

他主动申请作为学校的"防止未成年人沉迷网络游戏"宣传员，他编辑的最新一期宣传

我的童年法则

海报引起了全校同学的注意：国家新闻出版署下发《关于进一步严格管理切实防止未成年人沉迷网络游戏的通知》，要求严格限制向未成年人提供网络游戏服务的时间，所有网络游戏企业仅可在周五、周六、周日和法定节假日每日20时至21时向未成年人提供1小时网络游戏服务，其他时间均不得以任何形式向未成年人提供网络游戏服务。

第六单元　未成年人保护法篇——我和我的权利保护

法律保护我

2021年7月20日,共青团中央维护青少年权益部、中国互联网络信息中心、中国青少年新媒体协会联合发布的《2020年全国未成年人互联网使用情况研究报告》显示,2020年我国未成年网民已达1.83亿人,未成年人互联网普及率为94.9%。据最高人民检察院发布的数据,2021年1月至9月,全国检察机关起诉涉及未成年人的电信网络犯罪4822人。其中,利用电信网络实施的诈骗罪2066人,占42.8%;帮助信息网络犯罪活动罪1205人,占25%。针对未成年人的网络诈骗已经成为一大社会问题。

故事讲述中的丁小谷存在一定的防范意识,但最终还是掉进了骗子设下的陷阱。同学们,互联网诈骗花样多变,社会阅历丰富的大人尚且防不胜防，涉世未深的未成年人更是容易掉入陷阱。这些骗术被戳穿后，看起来很简单，但未成年人因防骗意识差，辨识能力弱，很容易受骗上当。相信你们能够通过学习大大提高警惕性，不轻信中奖类的"好消息"，依法、文明、理性上网。

 法律怎么说

《中华人民共和国未成年人保护法》第六十八条

新闻出版、教育、卫生健康、文化和旅游、网信等部门应当定期开展预防未成年人沉迷网络的宣传教育，监督网络产品和服务提供者履行预防未成年人沉迷网络的义务，指导家庭、学校、社会组织互相配合，采取科学、合理的方式对未成年人沉迷网络进行预防和干预。

任何组织或者个人不得以侵害未成年人身心健康的方式对未成年人沉迷网络进行干预。

《中华人民共和国未成年人保护法》第七十一条

未成年人的父母或者其他监护人应当提高网络素养，规范自身使用网络的行为，加强对未成年人使用网络行为的引导和监督。

未成年人的父母或者其他监护人应当通过在智能终端产品上安装未成年人网络保护软件、选择适合未成年人的服务模式和管理功能等方式，避免未成年人接触危害或者可能影响其身心健康的网络信息，合理安排未成年人使用网络的时间，有效预防未成年人沉迷网络。

《中华人民共和国未成年人保护法》第七十二条

信息处理者通过网络处理未成年人个人信

息的，应当遵循合法、正当和必要的原则。处理不满十四周岁未成年人个人信息的，应当征得未成年人的父母或者其他监护人同意，但法律、行政法规另有规定的除外。

未成年人、父母或者其他监护人要求信息处理者更正、删除未成年人个人信息的，信息处理者应当及时采取措施予以更正、删除，但法律、行政法规另有规定的除外。

请你思考

同学们，你们是否遇到或听说过网络诈骗，你们能够识别哪些网络诈骗行为，跟朋友们分享一下吧！

第七单元　预防未成年人犯罪法篇
—— 我和我的价值观

导　言

《预防未成年人犯罪法》是为保障未成年人身心健康，培养未成年人良好品行，有效预防未成年人违法犯罪而制定的法律。

《预防未成年人犯罪法》自1999年11月1日起实施，是我国颁布的第一部预防未成年人犯罪的专门法律，在国际上也属首创。2020年12月26日，新法由第十三届全国人民代表大会常务委员会第二十四次会议修订通过，自2021年6月1日起施行。

· 我的童年法则 ·

第一课　培养优良品质
　　　远离违法犯罪

【故事讲述】

放学后,丁小谷和田小米去村委会图书馆自习室写作业,又看了一会儿新来的故事书。准备回家的时候,天已经黑了,街上的人也很少。

突然传来一阵乱哄哄的吵闹声,几个手持棍子的高大男孩,正在奋力追逐一个身材瘦小的男孩。

"给我站住,否则,一会儿揍完你,把你扔到粪池里!"一边追,一边有人威胁着。

小男孩毫不示弱:"你们打我,还私藏

第七单元　预防未成年人犯罪法篇——我和我的价值观

罂粟，这都是违法的，我绝不会把证据还给你们。"

丁小谷和田小米听完这两句对话，感觉像是遇到了警匪大战。

丁小谷定了定神，说："这个事情很重要，我们必须管！我跟踪他们，必要时拖住他们，你回村委会看看谁在值班，我们自己搞不定，需要大人参与。"

恰好，村支书今晚值班，他马上通知开启村里安装的所有摄像头，锁定孩子们的位置，同时，给禁毒警察打了电话。

后来听说，小男孩家里很穷，因为不能给学校高年级同学买零食和玩具，经常被殴打。有一次，小男孩回家告诉了爸爸妈妈，结果被打得更厉害。最近有一个高年级同学家里要收割"庄稼"，把小男孩抓回去帮忙。刚开始，小男孩很开心，毕竟不用挨打了。可是，他去了之后才发现，收割的是罂粟。小男孩从普法书上看过，这是法律明确禁止种植的毒品原植物。于是，他偷偷把几颗罂粟果装到书包里，准备回家问问大人该如何处理。高年级同学发现后，就让其他几个孩子一起追打。

村支书的部署非常周密、高效。很快，这场闹剧就结束了。

第二天，高年级同学家里种植的281株罂粟全部被铲除；已经收割的160多株也被没收。

禁毒警察离开时，对围观的乡亲们说：

"罂粟是制取鸦片的主要原料，同时其提取物也是多种镇静剂的来源。任何单位和个人都不允许非法种植毒品原植物，希望乡亲们互相提醒和监督。"

村支书补充说："还有一件事情，希望能够引起乡亲们的足够重视。校园欺凌普遍存在于学龄儿童之间，强迫他人给自己买文具，帮自己写作业,甚至到家里干农活,这些攻击行为,往往会对被欺凌的孩子造成一生难以弥合的伤害。作为家长,我们应当教育孩子,从小不做暴力的受害人,更不能做暴力的发起人。"

小男孩左手拉着丁小谷,右手拉着田小米,轻轻哼起了童谣:"虫儿飞,花儿睡,一双又一对才美,不怕天黑……"

·我的童年法则·

近年来,低龄未成年人恶性犯罪案件时有发生,个别案件手法非常残暴。根据我国法律的规定,12至14周岁未成年人犯故意杀人、故意伤害罪,致人死亡或者以特别残忍手段致人重伤造成严重残疾,情节恶劣,经最高人民检察院核准追诉的,应当承担刑事责任。未成年人犯罪与其心智发育还不成熟、辨认和控制能力还不健全有关,因此法律规定应当坚持教育、感化、挽救方针和教育为主、惩罚为辅原则。

故事中的大男孩,以大欺小,欺凌同学,迫使其帮忙收罂粟,并召集数人追赶殴打同学,这些行为都已经违反法律规定,轻则属于严重不良行为,重则属于刑事犯罪行为。

第七单元 预防未成年人犯罪法篇——我和我的价值观

同学们，虽然对于未成年人的严重不良行为和犯罪行为，教育比惩罚更重要，但我们仍然相信你们在学习后，会守牢法律底线，做到知法守法，预防自己和身边的未成年人犯罪。

法律怎么说

《中华人民共和国刑法》第十七条

已满十六周岁的人犯罪，应当负刑事责任。

已满十四周岁不满十六周岁的人，犯故意杀人、故意伤害致人重伤或者死亡、强奸、抢劫、贩卖毒品、放火、爆炸、投放危险物质罪的，应当负刑事责任。

已满十二周岁不满十四周岁的人，犯故意杀人、故意伤害罪，致人死亡或者以特别残忍

· 我的童年法则 ·

手段致人重伤造成严重残疾，情节恶劣，经最高人民检察院核准追诉的，应当负刑事责任。

对依照前三款规定追究刑事责任的不满十八周岁的人，应当从轻或者减轻处罚。

因不满十六周岁不予刑事处罚的，责令其父母或者其他监护人加以管教；在必要的时候，依法进行专门矫治教育。

《中华人民共和国预防未成年人犯罪法》第十一条

未成年人应当遵守法律法规及社会公共道德规范，树立自尊、自律、自强意识，增强辨别是非和自我保护的能力，自觉抵制各种不良行为以及违法犯罪行为的引诱和侵害。

《中华人民共和国预防未成年人犯罪法》第三十八条

本法所称严重不良行为，是指未成年人实施的有刑法规定、因不满法定刑事责任年龄不予刑事处罚的行为，以及严重危害社会的下列行为：

（一）结伙斗殴，追逐、拦截他人，强拿硬要或者任意损毁、占用公私财物等寻衅滋事行为；

（二）非法携带枪支、弹药或者弩、匕首等国家规定的管制器具；

（三）殴打、辱骂、恐吓，或者故意伤害他人身体；

（四）盗窃、哄抢、抢夺或者故意损毁公私财物；

（五）传播淫秽的读物、音像制品或者信息等；

（六）卖淫、嫖娼，或者进行淫秽表演；

（七）吸食、注射毒品，或者向他人提供毒品；

（八）参与赌博赌资较大；

（九）其他严重危害社会的行为。

《中华人民共和国预防未成年人犯罪法》第四十一条

对有严重不良行为的未成年人，公安机关可以根据具体情况，采取以下矫治教育措施：

（一）予以训诫；

（二）责令赔礼道歉、赔偿损失；

（三）责令具结悔过；

（四）责令定期报告活动情况；

（五）责令遵守特定的行为规范，不得实施特定行为、接触特定人员或者进入特定场所；

（六）责令接受心理辅导、行为矫治；

（七）责令参加社会服务活动；

（八）责令接受社会观护，由社会组织、有关机构在适当场所对未成年人进行教育、监督和管束；

（九）其他适当的矫治教育措施。

请你思考

同学们，已满12周岁不满14周岁的人犯了哪些罪，应当负刑事责任？请你们一起学习并牢记在心。

· 我的童年法则 ·

第二课　明辨是非善恶
　　　知法懂法守法

【故事讲述】

寒假期间,丁小谷住到城里小姨家。他发现楼里有七八个小孩总是一起进出,他们似乎纪律严明,低着头不说话,看起来很神秘。听小姨说,这群孩子是邻居的远房亲戚,邻居好心,把他们接到家里,让他们体验城里的生活。

这天,丁小谷再遇见他们的时候,说出了想跟他们交朋友的愿望,而且跟他们分享了自己的巧克力和棒棒糖。孩子们很快跟丁小谷友好地交流起来,他们邀请丁小谷去他们家,说

第七单元 预防未成年人犯罪法篇——我和我的价值观

家里好玩的东西多,看看有没有他喜欢的。

一进门,丁小谷惊呆了:长长的沙发上,零散放着至少20部手机、10台笔记本电脑,还有几个空钱包,品牌不一样,新旧不一样,看起来都是别人用过的。

丁小谷结结巴巴地问:"哪里搞来这么多手机和电脑啊?"一个孩子骄傲地说:"这不过是我们一天的战绩。"丁小谷不太敢确定他的意思:"一天的战绩,是什么意思?"另一个孩子回答道:"我们偷来的!"

丁小谷努力让自己保持平静,接着说:"我才不信呢!你们怎么可能干成这么大的事儿?难道没有大人帮忙?"

"这小子够聪明!我们几个怎么分工、去哪里偷、偷来的东西如何处理、警察抓到我们之后如何解套,都是我们带头大哥的事儿,就是这个房子的主人。"

· 我的童年法则 ·

"我们的带头大哥非常聪明，让我们只到学生宿舍偷东西。我们假扮成学生，穿着校服，背着书包，混进宿舍。学生们洗漱的时候一般都不关宿舍门，我们大摇大摆进去，随便扫荡，除了手机、笔记本电脑，还可以把他们的零食一并带走，很酷的。你要不要加入我们？"

丁小谷假装兴奋地说："能加入你们太好了！现在我回家吃饭，明天再来找你们。"

丁小谷把这件事告诉了小姨，小姨先拨打了110进行报警，随后，拨通了物业电话，请物业想办法阻止那位"好心邻居"在警察到来之前进家门。如果他知道孩子们泄露了对他不利的信息，孩子们会有人身危险。

后来，"好心邻居"被警察带走了。据说，他因组织、控制未成年人犯罪被判了刑。对那群孩子，公安机关、人民检察院、司法行

第七单元　预防未成年人犯罪法篇——我和我的价值观

政部门成立了一个联合工作组，由经过专业培训、熟悉未成年人身心特点的专门人员负责心理干预和预防未成年人犯罪教育。

开学后，司法行政部门给丁小谷的学校寄来了表扬信，并将学校确定为预防未成年人犯罪系列培训教育基地。

　　未成年人往往缺乏明辨是非的能力，不但对犯罪行为毫无认识，甚至会误认为是自己本事大，才能够做成其他同龄人无法完成的事情。很多成年人正是利用未成年人这种逞强好胜的心态，把他们引入了犯罪的道路。

　　故事讲述中，丁小谷小姨的邻居组织未成年人进行盗窃，孩子们没有认识到，他们所从事的犯罪行为可能使他们面临牢狱之灾，反而为他们有组织的犯罪活动感到骄傲。丁小谷的出现打破了他们所谓有组织的生活，这无疑是对他们的拯救。如果通过矫正，他们能够认识到自己的错误，那么他们未来的人生之路仍然会一片光明！

第七单元　预防未成年人犯罪法篇——我和我的价值观

同学们，相信通过学习，你们已经掌握了丰富的法律知识，能够明辨是非，做到知法、懂法、守法。

· 我的童年法则 ·

 法律怎么说

《中华人民共和国刑法》第二百六十四条

盗窃公私财物，数额较大的，或者多次盗窃、入户盗窃、携带凶器盗窃、扒窃的，处三年以下有期徒刑、拘役或者管制，并处或者单处罚金；数额巨大或者有其他严重情节的，处三年以上十年以下有期徒刑，并处罚金；数额特别巨大或者有其他特别严重情节的，处十年以上有期徒刑或者无期徒刑，并处罚金或者没收财产。

《中华人民共和国预防未成年人犯罪法》第二十四条

各级人民政府及其有关部门、人民检察院、人民法院、共产主义青年团、少年先锋队、妇女联合会、残疾人联合会、关心下一代

第七单元　预防未成年人犯罪法篇——我和我的价值观

工作委员会等应当结合实际，组织、举办多种形式的预防未成年人犯罪宣传教育活动。有条件的地方可以建立青少年法治教育基地，对未成年人开展法治教育。

《中华人民共和国预防未成年人犯罪法》第三十三条

未成年学生偷窃少量财物，或者有殴打、辱骂、恐吓、强行索要财物等学生欺凌行为，情节轻微的，可以由学校依照本法第三十一条规定采取相应的管理教育措施。

《中华人民共和国预防未成年人犯罪法》第四十五条

未成年人实施刑法规定的行为、因不满法定刑事责任年龄不予刑事处罚的，经专门教育指导委员会评估同意，教育行政部门会同公安机关可以决定对其进行专门矫治教育。

省级人民政府应当结合本地的实际情况，

至少确定一所专门学校按照分校区、分班级等方式设置专门场所，对前款规定的未成年人进行专门矫治教育。

前款规定的专门场所实行闭环管理，公安机关、司法行政部门负责未成年人的矫治工作，教育行政部门承担未成年人的教育工作。

请你思考

同学们，今天的故事给我们很多启发，如果你们是预防未成年人犯罪的宣传员，你们想跟家人分享哪些知识点或感想？

第八单元　家庭教育促进法篇
——我和我的未来

导　言

《家庭教育促进法》由第十三届全国人民代表大会常务委员会第三十一次会议于2021年10月23日通过，自2022年1月1日起施行。

《家庭教育促进法》是我国首部家庭教育领域的专门立法，是大力弘扬中华民族家庭美德的法治体现，是促进未成年人健康成长和全面发展的法治保障。

《家庭教育促进法》是为引导全社会注重家庭、家教和家风，增进家庭幸福与社会和谐，培养德智体美劳全面发展的社会主义建设者和接班人而制定的法律。

· 我的童年法则 ·

第一课　接受纠错指导
　　　　护航身心健康

【故事讲述】

六年级毕业典礼结束后，丁小谷和田小米相约去县城博物馆转一圈。村委会公交站点挤满了人，原来"国家综合性消防救援队伍消防员名单"公示了，名单里好几个人他们都很熟悉，其中就有小可哥哥。

小可哥哥曾经是个四处流浪的孤儿，后来，有一对教师夫妇收养了他。他们不仅在生活上对小可照顾得细致入微，而且让小可进入学校，接受九年义务教育。

虽说养父母都是老师，但小可14岁才上1年

第八单元 家庭教育促进法篇——我和我的未来

级,让很多同学都感觉是个大笑话,一不留神儿就会嘲笑他。这让小可每天都很痛苦,想找机会报复同学。

有天放学后,小可又被同学嘲笑"大脑发育慢,14岁才上一年级"。他非常愤怒,偷偷跑到同学家的厨房,点燃了一堆柴火。原本只想吓唬一下同学,然后他就用已经准备好的两桶水把火浇灭。没想到,火势一发不可收拾。最后,两户人家的房屋遭到了不同程度的损坏。小可因涉嫌纵火,被送往少年犯管教所进行改造。

改造结束后,小可羞愧难当,不想回家,也不想再上学。他认为自己已经长大了,完全可以靠流浪乞讨为生。但是,养父养母坚定地把他接回家,更加体贴地关爱他,给他补课,还告诉他,每个人都会犯错误,只要知错能改,就是好孩子。

· 我的童年法则 ·

又一次步入校园，小可的变化非常大。他利用在少年犯管教所学到的各类消防知识，成立了一个消防救援知识学习小分队，定期在学校里给同学们讲解消防常识，并且利用掌握的消防技术，避免了两次校园火灾事故的发生。

小可常跟同学们说："消防安全无小事，我们要时刻注意防火。大家也应当知道，消防需要科学知识。比如火灾发生时，为减少呼吸道被烧伤或吸入过多烟尘，应当用湿毛巾捂住口鼻；为避过高空的浓烟，应当低头、弯腰行动，而不是一味蛮干。"

随着消防知识的丰富，小可在学校组织发

起了一个消防主题的兴趣小组,还跟教音乐的养母一起谱写了《消防宣传小分队之歌》。在这个过程中,小可的梦想慢慢在心里生根,他希望

自己长大后,成为一名光荣的消防员。

离开家乡那天,在向乡亲们道别时,小可说:"我们无法选择自己的出身,只要心怀希望,就一定能够遇到爱。我也想对所有跟我有相同遭遇的孩子说一句——知错就改,努力生长,我们会成为对社会有用的人!"

丁小谷和田小米听得热血沸腾:"未来可期,有你有我!"

・我的童年法则・

第十次全国人口普查结果显示，我国的未成年人约有3.6亿。未成年人的思想道德培养直接关系到中华民族的整体素质，关系到国家前途和民族命运。国家在飞速发展，时代发生着日新月异的变化，这为广大未成年人了解世界、增长知识、开阔视野提供了更加有利的条件。与此同时，一些领域道德失范，诚信缺失、假冒伪劣、欺骗欺诈活动有所蔓延；一些成年人价值观发生扭曲，也给未成年人的成长带来了不可忽视的负面影响。互联网等新兴媒体的快速发展，给未成年人学习和娱乐开辟了新的渠道。与此同时，有害信息也在通过网络传播，腐蚀着未成年人的心灵。在各种消极因素的影响下，少数未成年人行为失范，有的甚至走上了违法犯罪的歧途。这些新情况、新问

第八单元　家庭教育促进法篇——我和我的未来

题的出现，使未成年人思想道德建设面临一系列新课题。

　　故事讲述中的小可曾是孤儿，未能在学龄时上一年级，因此受到同学们的嘲笑，他一时冲动走上了犯罪道路。所幸，养父母深爱着他，鼓励他改过自新，勇敢向前看。小可认识到尊严要靠自己有价值的行动赢得，打击报复是恶劣的违法行为。他下定决心努力学习消防知识，并组织同学一起学习、研究有效的消防操作方法，还成功避免了两次校园火灾。

　　同学们，日常生活中，我们往往会听到一些令自己非常不愉快，甚至有伤自尊的言语，相信你们会直接告诉同学们你们的感受，请他们不要再用语言伤害你们，或请求老师的帮助。同时，相信你们在故意或一不小心犯错误后，能够勇敢承认自己的错误，及时改正，努力成为对他人、对社会有所贡献的好少年。

·我的童年法则·

《中华人民共和国刑事诉讼法》第二百八十六条

犯罪的时候不满十八周岁,被判处五年有期徒刑以下刑罚的,应当对相关犯罪记录予以封存。

犯罪记录被封存的,不得向任何单位和个人提供,但司法机关为办案需要或者有关单位根据国家规定进行查询的除外。依法进行查询的单位,应当对被封存的犯罪记录的情况予以保密。

《中华人民共和国家庭教育促进法》第十六条

未成年人的父母或者其他监护人应当针对不同年龄段未成年人的身心发展特点,以下列内容为指引,开展家庭教育:

(一)教育未成年人爱党、爱国、爱人民、

第八单元　家庭教育促进法篇——我和我的未来

爱集体、爱社会主义，树立维护国家统一的观念，铸牢中华民族共同体意识，培养家国情怀；

（二）教育未成年人崇德向善、尊老爱幼、热爱家庭、勤俭节约、团结互助、诚信友爱、遵纪守法，培养其良好社会公德、家庭美德、个人品德意识和法治意识；

（三）帮助未成年人树立正确的成才观，引导其培养广泛兴趣爱好、健康审美追求和良好学习习惯，增强科学探索精神、创新意识和能力；

（四）保证未成年人营养均衡、科学运动、睡眠充足、身心愉悦，引导其养成良好生活习惯和行为习惯，促进其身心健康发展；

（五）关注未成年人心理健康，教导其珍爱生命，对其进行交通出行、健康上网和防欺凌、防溺水、防诈骗、防拐卖、防性侵等方面的安全知识教育，帮助其掌握安全知识和技能，增强其自我保护的意识和能力；

（六）帮助未成年人树立正确的劳动观念，参加力所能及的劳动，提高生活自理能力和独立生活能力，养成吃苦耐劳的优秀品格和热爱劳动的良好习惯。

《中华人民共和国家庭教育促进法》第三十条

设区的市、县、乡级人民政府应当结合当地实际采取措施，对留守未成年人和困境未成年人家庭建档立卡，提供生活帮扶、创业就业支持等关爱服务，为留守未成年人和困境未成年人的父母或者其他监护人实施家庭教育创造条件。

教育行政部门、妇女联合会应当采取有针对性的措施，为留守未成年人和困境未成年人的父母或者其他监护人实施家庭教育提供服务，引导其积极关注未成年人身心健康状况、加强亲情关爱。

第八单元　家庭教育促进法篇——我和我的未来

《中华人民共和国家庭教育促进法》第四十三条

中小学校发现未成年学生严重违反校规校纪的，应当及时制止、管教，告知其父母或者其他监护人，并为其父母或者其他监护人提供有针对性的家庭教育指导服务；发现未成年学生有不良行为或者严重不良行为的，按照有关法律规定处理。

《中华人民共和国消防法》第五条

任何单位和个人都有维护消防安全、保护消防设施、预防火灾、报告火警的义务。任何单位和成年人都有参加有组织的灭火工作的义务。

请你思考

同学们，遇见火灾，你们会怎么做呢？试着讨论一下吧。

· 我的童年法则 ·

第二课　树立良好家风
　　　　增进家庭幸福

【故事讲述】

　　六年级面临小升初的压力,丁小谷和田小米每天忙着复习、考试,不像以前那样,有充分的时间一起玩耍和谈心了。最近,丁小谷发现,田小米在学习之余显得自信轻松,跟同学们聊天时总能带来很多吸引人的新故事。

　　一天放学后,丁小谷在校门口刚好遇见了田小米,便问道:"你是不是被好中学提前录取了?感觉你状态特别好,一点也不像准备冲刺小升初的毕业班学生。"

　　田小米听完丁小谷的问题,放声大笑起

第八单元　家庭教育促进法篇——我和我的未来

来："我有比这更好的消息呢。"

丁小谷瞪大了眼睛："快说出来，让我长长见识！"

田小米说："你知道的，前几年，我爸妈到县城打工，只有过节放长假的时候，爸妈才会回家，或者把我接到县城和他们一起住。今年，社区工作人员给爸妈做家庭教育指导，告诉他们，应该从生活、学习、身心等方面对我进行全面了解，不能只是负责物质上的抚养，还要履行教育、保护的义务，否则就违反法律的强制性规定了。"

丁小谷急切地问："这都违反法律规定啦，有意思，快给讲讲。"

田小米继续说："最近几个月，爸妈一到周末就会接我去县城。有时候，我在他们的包子铺帮忙；有时候，他们带我去儿童乐园、新华书店；有时候，我们去朋友、亲戚家串门聊天，反

·我的童年法则·

正每个周末都可以见到爸妈,别提多开心了!"

丁小谷使劲地拍手和点赞:"真的是太好了!我觉得爸爸妈妈的陪伴有一股神奇的力量。不开心的时候,不想吃零食,就想让爸妈抱抱,他们一抱,就感觉世界很美好,什么都不怕了!"

田小米说:"我也有同感。而且在一起待的时间多了,才发现爸妈挣钱真的不容易。每天凌晨2点多就起床和面拌馅,早上5点开始就有人来买包子了。"

丁小谷若有所思:"爸妈都很辛苦,但他们在我们面前总是很轻松的样子。"田小米点点头,表示同意:"他们虽然不易,但总是保持正直、乐观。有一天傍晚,一个叔叔送来一面锦旗,上面写着'拾金不昧'。原来,他带着钱去医院给自己的孩子交医药费,买包子的

· 我的童年法则 ·

    时候落下了钱包。爸爸妈妈发现后赶紧给他保存好，等他回来取。钱包失而复得后，他激动得掉眼泪了。还有，每周日早上10点之前，爸妈都给环卫工人送免费的包子吃！我真的为他们感到骄傲！"

    丁小谷竖起大拇指："田小米，为你爸妈点赞。我们好好准备考试，一放假，我就跟你一起去包子铺，给环卫工人叔叔阿姨发热包子。"

    两个人心有灵犀地击掌，异口同声说："一言为定！"

第八单元　家庭教育促进法篇——我和我的未来

法律保护我

家庭教育具有双重属性，它既是关乎个人和家庭福祉的"家事"，也是关乎国家和民族命运的"国事"。

"家庭是人生的第一所学校，家长是孩子的第一任老师，要给孩子讲好'人生第一课'，帮助扣好人生第一粒扣子。"习近平总书记的重要论述深刻指明，家庭教育最关键的责任主体是家长，家庭教育的对象是孩子。同时，《家庭教育促进法》也特别关注单亲家庭、困难家庭、流动人口家庭的未成年子女的教育，依法对其提供指导和帮助。

故事讲述中，田小米的父母在城里开店，很少有机会陪伴子女。在《家庭教育促进法》实施后，在街道居委会的督促和指导下，小米的父母每逢周末和假期就把小米接到城里。小米通过与父母的共同生活，发现父母非常勤劳地营生、拾金不昧，而且为环卫工人免费送包子，这必将成为小米成长过程中的指路灯。

　　同学们，相信你们会将新的法律规定讲述给父母听，更相信你们会从父母的日常行为中，发现他们深深爱着你们，发现他们有很多优秀的品质值得你们学习，比如孝顺父母、勤奋劳动、乐于助人等。

第八单元　家庭教育促进法篇——我和我的未来

法律怎么说

《中华人民共和国家庭教育促进法》第十七条

未成年人的父母或者其他监护人实施家庭教育，应当关注未成年人的生理、心理、智力发展状况，尊重其参与相关家庭事务和发表意见的权利，合理运用以下方式方法：

（一）亲自养育，加强亲子陪伴；

（二）共同参与，发挥父母双方的作用；

（三）相机而教，寓教于日常生活之中；

（四）潜移默化，言传与身教相结合；

（五）严慈相济，关心爱护与严格要求并重；

（六）尊重差异，根据年龄和个性特点进行科学引导；

（七）平等交流，予以尊重、理解和鼓励；

（八）相互促进，父母与子女共同成长；

（九）其他有益于未成年人全面发展、健康成长的方式方法。

《中华人民共和国家庭教育促进法》第十八条

未成年人的父母或者其他监护人应当树立正确的家庭教育理念，自觉学习家庭教育知识，在孕期和未成年人进入婴幼儿照护服务机构、幼儿园、中小学校等重要时段进行有针对性的学习，掌握科学的家庭教育方法，提高家庭教育的能力。

《中华人民共和国家庭教育促进法》第十九条

未成年人的父母或者其他监护人应当与中小学校、幼儿园、婴幼儿照护服务机构、社区

第八单元　家庭教育促进法篇——我和我的未来

密切配合，积极参加其提供的公益性家庭教育指导和实践活动，共同促进未成年人健康成长。

《中华人民共和国家庭教育促进法》第三十五条

妇女联合会发挥妇女在弘扬中华民族家庭美德、树立良好家风等方面的独特作用，宣传普及家庭教育知识，通过家庭教育指导机构、社区家长学校、文明家庭建设等多种渠道组织开展家庭教育实践活动，提供家庭教育指导服务。

《中华人民共和国家庭教育促进法》第四十八条

未成年人住所地的居民委员会、村民委员会、妇女联合会，未成年人的父母或者其他监护人所在单位，以及中小学校、幼儿园等有关密切接触未成年人的单位，发现父母或者其他

·我的童年法则·

监护人拒绝、怠于履行家庭教育责任，或者非法阻碍其他监护人实施家庭教育的，应当予以批评教育、劝诫制止，必要时督促其接受家庭教育指导。

未成年人的父母或者其他监护人依法委托他人代为照护未成年人，有关单位发现被委托人不依法履行家庭教育责任的，适用前款规定。

请你思考

同学们，你们希望爸爸妈妈为你们做的事情是什么？爸爸妈妈的哪些做法让你们感到骄傲？请写一封信告诉爸爸妈妈吧！

附录：全国求助热线一览表

热线名称	电话
公安报警电话	110
公安短信报警电话	12110
消防火警电话	119
医疗急救电话	120
交通事故报警电话	122
政府服务热线	12345
市场监管投诉电话	12315
法律援助咨询热线	12348
妇女维权公益服务热线	12338
共青团青少年心理咨询和法律援助热线	12355
网络不良与垃圾信息举报电话	12321
互联网违法和不良信息举报电话	12377
公共卫生咨询热线	12320

后记

　　我国一直非常重视儿童普法教育，目前市面上有多种优秀儿童普法读物，我进行了认真学习，受益颇多。之所以决定写这本乡村儿童普法书，是希望能够凭借自己在乡村生活过的所见所闻，以及在对乡村儿童进行普法时的所感所想，让法律常识的呈现融于乡村生活的真实场景，让孩子们真切地感受到，法律并不抽象，而是活灵活现地围绕在自己的身边。

　　我身边有一群长期投身乡村教育公益事业的朋友，过去十余年，从零散资助乡村儿童日常学杂费、生活费，到定期资助乡村教师教学补贴，再到有机会参与慈善学校的筹备和建设，越来越感觉公益活动需要长期主义和价值主义，否则不但无助于儿童的身心健康，反而可能造成二次伤害。无论是生活在城市，还是

后记

生活在乡村，儿童的身上总是散发着无法抵挡的天使般的光芒。我在很多乡村中小学，被孩子们深深吸引或打动。他们会带着对世界的无限好奇，投入阅读的海洋；会带着对未来的希冀，投入刻苦的学习；会酣畅淋漓地飞奔在尘土飞扬的操场；会童真无忌地拦住校长，陪他们一起玩耍。在这些令人不禁想去保护的美好瞬间，我总是希望能够尽自己的一点绵薄之力，让他们内心的那道光自由地释放出来，照亮他们深爱的人间。

情怀需要用行动去落地。作为法律工作者，为乡村儿童进行普法是我愿意做、能够做、能做好的事情。如前所述，我国已有多种优秀的儿童普法教材，以丰富有趣的形式，对儿童普法起到了良好的启蒙作用。在我犹豫着是否坚持编写这本读物时，诸多领导、亲友、同事纷纷鼓励我，他们后来不但积极参与了本书的编写，而且直接躬身入局，成为公益普法

· 我的童年法则 ·

队伍的重要成员。

　　经过广泛的调研和深入的讨论,我最终对本书做了以下定位:第一,选择与乡村儿童的学习、生活更接近的场景和题材。同一内容的普法故事,可以采用城市场景,如在动物园里受到老虎的侵害时如何认定过错、在公园里破坏名胜古迹将面临何种处罚,这些题材也适用于乡村儿童,因为他们中的很多将来也会走向城市;但在正值童年的当下,选择远离他们生活场景的故事进行普法教育,不仅会抽象难懂,而且对现实的生活缺少直接的指导和帮助。所以,本书的故事场景选择在村镇、集市、村委会大院等。第二,将性侵、校园欺凌等题材写进本书,并在一定程度上保留了事件本身的残酷性,借此敲响警钟。一些乡村儿童,特别是留守儿童,在诸多恶性侵犯事件中成为受害者,并因此而遭受长期的身心折磨。尽管提起这些话题,会让儿童感觉到身心不

后记

适,让成年人也难以平心静气地阅读。其实,我在写作时,也揪着心,根本做不到一气呵成。我仍然坚持采用写实的手法,是希望用现实案例呈现惨痛后果,打破隐晦和缓和,给儿童的内心以震撼和冲击,让孩子们能够以成熟的视角去体悟生活,逐渐养成理性思考的习惯,保持可持续的健康成长。随着社会的进步和教育水平的提高,儿童的认知能力、适应能力和自我承担能力有了很大提高,我认为本书的内容能够与乡村儿童当下对事物和自身行为的认知能力相匹配。第三,选择与《民法典》《预防未成年人犯罪法》《未成年人保护法》《家庭教育促进法》等新法契合的题材。近年来,我国通过专门立法或在一般性法律规定中增设条款,对儿童的人身、财产、教育权益进行保护,相关法律日益健全,并呈现体系化和特色化态势。在儿童权益保护的落实方面,政府部门和社会组织合力推进,给予了重要的引导和帮助。儿童的身心健康成长，不仅有赖于强大而良好的社会公益性和福利性行为，更要依靠自身的认知能力和风险意识的提高，因此建立培育儿童自身运用法律识别风险、控制风险能力的长效机制，方能切实维护儿童合法权益，而对儿童进行系统的普法教育是必要而有效的重要途径之一。

　　本书的写作得到了诸多关心和支持儿童普法教育的专家、师长、朋友的倾情支持：感谢苦志育才学校专项公益基金创始人黄保黔、秘书长龙平，苦志育才学校校长王勇、乐巍，企业家林瑞燕女士、徐时英女士、王艳女士在乡村儿童普法教育调研过程中给予的支持；感谢北京市海淀区律师协会秘书长师锋对故事题材的选择和叙事细节给予的指导；感谢中国政法大学法律硕士学院副院长刘智慧教授对本书进行审读；感谢对外经济贸易大学副校长王敬波教授、中国乡村发展协会副会长肖昱欣女士

后记

为本书作序；感谢中国社会科学院世界宗教所赵法生研究员撰文推荐本书；感谢北京总部企业协会理事会副会长陈颖、《经济》杂志社副社长王琤、启明书院秘书长祝绮纹、祝融容光教育科技（北京）有限公司张立新在本书写作过程中多次参与讨论并提出修订意见；感谢我的同事李凯月、刘怡在本书写作之初收集了大量案例素材。本书的写作也离不开一群可爱可亲的同学，他们的参与使得本书案例鲜活、专业且具备了故事性和可读性，他们是：桂阳县苦志育才学校的彭立冬，新田县苦志育才学校的李云飞，乳山市第一实验小学的宋子逸，鸿运达幼儿园的郭世然，清华大学附属中学的孔丁妮，北京大学附属小学的朱霈诚，北京市海淀区中关村第二小学的王一心、王一德，北京市海淀区星火小学的支士博。非常感谢毕业于清华大学美术学院的徐萌女士、中国科学院心理研究所儿童心理发展与教育心理学专业在读研究生宫本婧女士，通过与书中人物的不断对话和对故事情节的不断推演，让插图方案得以最终确定。感谢北京石油学院附属实验小学的李兆恒与北京市海淀外国语实验学校的李晨菡在两位老师的指导下完成插图初稿。最后，我要感谢我的老朋友——北京大学出版社李颖编辑，她在多次听我讲述乡村儿童普法教育经历后，建议我把这些零散的日常普法讲座的故事写成一本普法读物并出版，并支持和鼓励我把性侵、校园欺凌、拐卖儿童等写进书中；感谢张宁编辑的耐心和严谨，她对故事的内容与法律常识的协调、题材的时事性与思想性的统一给予了我很大的帮助，使我对本书作为高质量读物出版拥有了信心。

李 毅

2022年11月1日